BORDADO CONTEMPORÁNEO

FOTOGRAFÍAS DE
NASSIMA ROTHACKER

BORDADO CONTEMPORÁNEO
30 proyectos para ti y para tu hogar

JENNIFER CARDENAS RIGGS

GG®

Título original: *Embroidery Now*, publicado en 2019 por Hardie Grant Books, un sello de Hardie Grant Publishing.

Diseño: Claire Warner Studio
Fotografía: Nassima Rothacker
y Lizzie Mayson
Revisión de estilo: Anna Ubach

Cualquier forma de reproducción, distribución, comunicación pública o transformación de esta obra solo puede ser realizada con la autorización de sus titulares, salvo excepción prevista por la ley. Diríjase a Cedro (Centro Español de Derechos Reprográficos, www.cedro.org) si necesita fotocopiar o escanear algún fragmento de esta obra.

La Editorial no se pronuncia ni expresa ni implícitamente respecto a la exactitud de la información contenida en este libro, razón por la cual no puede asumir ningún tipo de responsabilidad en caso de error u omisión.

© Hardie Grant Books, 2019
© del texto: Jennifer Cardenas Riggs, 2019
© de la traducción: Darío Giménez, 2021
para la edición castellana:
© Editorial GG, SL, Barcelona, 2021

Printed in China
ISBN: 978-84-252-3376-0
Depósito legal: B. 18780-2021

Editorial GG, SL
Via Laietana 47, 3.º 2.ª, 08003 Barcelona,
España. Tel.: (+34) 933 228 161
www.editorialgg.com

A mi abuela Elizabeth, que compartió conmigo su apellido y su amor por las manualidades y el arte del bordado.

ÍNDICE

PROYECTOS		**41**
1	Cartera folk de lona en tonos neutros	42
2	Bastidor decorativo con ojo místico	47
3	Chanclas veraniegas	50
4	Cesta-macetero con pompones	52
5	*Bralette* de terciopelo para enamoradas	54
6	Cuadro con las fases lunares	59
7	Colgante bastidor con rosa negra	62
8	Trapo de cocina con onda *retro*	64
9	Camino de mesa con las constelaciones del zodíaco	66
10	Atrapasueños con eclipse enjaulado	69
11	Sombrero de lana con puesta de sol en el desierto	72
12	Aretes forrados con hilo de colores	74
13	Vaqueros con bordado de punto de escapulario en escalera	76
14	Camisa para vagabundos cósmicos	80
15	Cesta de la compra con borlas de colores	83
16	Bastidor artístico con paisaje desértico	87
17	Vestido de lino con estrellas fugaces	90
18	Cojín con bordado floral	94
19	Bolsa para la compra con iniciales bordadas	100
20	Cuadro con montañas minimalistas	103
21	Falda vaquera con mariposas	106
22	Delantal con lámina botánica de tomillo	110
23	Americana con ramillete de amapolas	115
24	Pantalla para lámpara *boho* con diseño geométrico	118
25	Camiseta con peonias	120
26	*Shorts* con hojas de laurel	123
27	Jersey de punto grueso con topos	126
28	Libreta con tapa de hojas de palma	128
29	Manta básica de sofá con rayas	133
30	Parche de fieltro con ramillete de flores	136

INTRODUCCIÓN	**9**
CÓMO USAR ESTE LIBRO	**10**
DESEMBROLLAR EL BORDADO	**13**
Materiales	15
Herramientas	16
El hilo de bordar	20
Cómo trabajar con plantillas	23
Trucos y consejos para bordar	24
PUNTOS DE BORDADO	**27**
Nociones básicas sobre aguja e hilo	28
Punto de hilván	29
Pespunte	30
Punto corto y largo	31
Punto de cadeneta	32
Punto satén	33
Punto de estrella	34
Punto espina de pescado	35
Punto de tallo	36
Nudo francés	37
Muestrario de puntos	38

SOBRE LA AUTORA	**140**
AGRADECIMIENTOS	**141**
ÍNDICE TEMÁTICO	**142**
PLANTILLAS	**145**

INTRODUCCIÓN

Cuando tenía ocho años, mi abuela me enseñó a bordar con un kit de bordado que me regaló para Navidad y que incluía un diseño de tres muñecos de nieve de color azul claro ataviados con sombreros y bufandas. Recuerdo que, aunque el proyecto me gustó, los muñecos de nieve no me parecieron particularmente interesantes; tenían un aspecto tan… anticuado. Trabajé en un par de proyectos de bordado más y, poco a poco, me fui olvidando del tema, relegándolo a la categoría de las manualidades que solo resultaban interesantes si te gustaban los diseños tradicionales y pasados de moda.

No volví a pensar en el bordado hasta que comencé a estudiar artes visuales en la universidad. Aunque sabía que me gustaba bordar, no me entusiasmaban los patrones disponibles en el mercado. Entonces me di cuenta de que podía crear mis propios diseños, aprovechando mis conocimientos como estudiante de diseño gráfico, para conjugar la tradición del bordado con nuevos conceptos de diseño que tuviesen un toque humorístico e informal, y que reflejasen mis intereses personales.

El bordado cuenta con una larga y rica historia que se remonta al año 30 000 a. C. A diferencia de la costura, el bordado no es necesario para confeccionar una prenda, sino que es algo accesorio, un complemento para dar a entender que algo nos gusta y, por extensión, para expresar nuestra personalidad. Cuando era pequeña, el bordado estaba asociado al pasado y, para ciertas personas, aún lo está.

Sin embargo, parece que algunos *millenials* –entre los que me incluyo– no se han enterado de esto, y en la actualidad existe un amplio movimiento de gente joven que ha cogido aguja e hilo para dar continuidad a la tradición de sus ancestros, pero en consonancia con su personalidad y con la época actual.

Aunque debo admitir que en este tema no soy imparcial, para mí el bordado es el medio artístico textil más versátil que existe, y el ámbito perfecto para dejar que tu identidad individual brille con luz propia. Puedes bordar lo que quieras sobre el material que desees usando el tipo de punto que te apetezca; más variedad, imposible.

Poder hacer cosas con tus propias manos tiene un atractivo inconfundible. Podría pasarme la vida bordando el mismo proyecto una y otra vez, y no habría dos diseños exactamente iguales. Esta calidad inimitable de la manufactura hace del bordado una forma artística íntima y bella que compartimos con los materiales que utilizamos para bordar.

Es un honor guiaros a través de este viaje al bordado y enseñaros las técnicas necesarias para que podáis incorporaros a este arte que me es tan querido. Estoy impaciente por ver cómo creáis los proyectos que aparecen en este libro, que no trata sobre cómo bordaban vuestras abuelas ni sobre el bordado de hace cien años; esto va de bordado contemporáneo.

CÓMO USAR ESTE LIBRO

Tanto si es la primera vez que te interesas por el bordado como si llevas años dando puntadas, este libro está pensado para ampliar tus conocimientos sobre el bordado.

Puede que hayas realizado multitud de bordados en bastidor, pero nunca hayas aplicado esta técnica a materiales menos convencionales; tal vez domines el bordado con pespunte pero nunca hayas trabajado con nudos franceses. Allí donde te encuentres en tu periplo por el bordado, espero conducirte a través de este laberinto hacia el maravilloso mundo de las piezas bordadas a mano.

Si has comenzado un proyecto y te sientes abrumado, respira hondo y recuerda que el bordado requiere paciencia y amor. Sigue adelante, trabajando a tu ritmo y, sobre todo, ¡no abandones!

Este libro está escrito para ti; tómate la libertad de hacer tuyos los diseños cuando lo desees. Puedes usar telas e hilos de otros colores para personalizar tus proyectos de acuerdo con tu visión exclusiva y particular. Puedes coger un diseño de bordado para un vestido y aplicarlo a tu mono *vintage* favorito. ¡En el mundo del bordado no existen reglas!

Espero que, cuando completes los proyectos que aparecen en el libro, hayas adquirido la confianza suficiente como para seguir dando puntadas y crear tus propios proyectos. El único límite es tu imaginación.

ANTES DE EMPEZAR

Antes de que empieces a bordar, es importante examinar uno por uno los puntos básicos del proceso de bordado. Esta sección trata sobre los materiales y herramientas necesarios para completar los proyectos incluidos en este libro. En ella podrás aprender a transferir los patrones a los materiales, así como consejos y trucos prácticos para obtener los mejores resultados en tus labores de bordado.

PUNTOS DE BORDADO

En este apartado informativo podrás encontrar instrucciones paso a paso para realizar nueve puntos de bordado diferentes. El apartado incluye ilustraciones prácticas y detalladas que muestran cómo la aguja interacciona con el hilo de bordar (de tipo *mouliné*). Una vez te hayas familiarizado con estas técnicas de bordado, podrás usarlas de manera combinada para crear los diferentes proyectos.

PROYECTOS

Este libro incluye 30 proyectos exclusivos, diseñados para poner al día tu vestuario y la decoración de tu hogar utilizando el bordado. Los proyectos van desde vestidos bordados con estrellas hasta sencillas pantallas para lámpara bordadas. Al inicio de cada proyecto encontrarás información sobre todos los materiales necesarios para realizarlo, así como sobre el tiempo que se tarda en completarlo.

Todos los proyectos incluyen instrucciones escritas paso a paso que debes seguir para crear tus propias piezas bordadas. Te recomiendo que leas el texto íntegramente antes de comenzar el proyecto, para saber qué pasos vienen a continuación. Muchos de los proyectos incluyen también patrones ilustrados con el objetivo de desglosar qué color de hilo de bordar y qué tipo de puntos deberás utilizar en los diseños de tu proyecto, además de aportar un nivel mayor de claridad, por lo que resultan útiles para quienes su aprendizaje es principalmente visual.

El libro está diseñado de manera que cada proyecto pueda ser completado por principiantes en la técnica del bordado. Los proyectos se clasifican en tres categorías: fácil, de dificultad media o avanzado. Estas te ayudarán a decidir qué proyectos deseas abordar en primer lugar. Las categorías vienen determinadas por varios factores: los diferentes tipos de puntos requeridos, el tiempo que te llevará completar el proyecto y la complejidad del mismo.

PLANTILLAS

Muchos de los proyectos de este libro incluyen plantillas, que te servirán para transferir los diseños a los materiales sobre los que vayas a bordar. Aunque no necesitarás plantillas para todos y cada uno de los proyectos, son un recurso excelente siempre a tu disposición.

CÓMO USAR ESTE LIBRO

Hay muchos detalles sobre el bordado que es necesario conocer antes de coger aguja e hilo. Este apartado está pensado para que entiendas cómo funciona el proceso del bordado y cómo interaccionan entre sí el tejido, la aguja y el hilo de bordar (*mouliné*). Con estos conocimientos prácticos serás capaz de tomar decisiones inteligentes para tus futuras labores de bordado.

DESEMBROLLAR EL BORDADO

MATERIALES

El bordado no es una sencilla ecuación matemática con soluciones claramente definidas, sino más bien una especie de experimento científico en el que tenemos la libertad de descubrir qué es lo que funciona mejor en nuestro caso. Escoger los materiales adecuados te permitirá alcanzar con éxito tus objetivos cuando experimentes con nuevos proyectos de bordado.

TEJIDO

El bordado no se limita a un único tejido, sino que podemos utilizar toda una serie de telas en función del resultado que deseemos obtener. Hay dos características que debemos tener en cuenta a la hora de elegir un tejido para bordar: la primera es su elasticidad, y la segunda, que no sea excesivamente fino. Debemos evitar las telas elásticas porque suelen ser complicadas de bordar, ya que se mueven y hacen arrugas cuando las trabajamos. También debemos evitar los tejidos transparentes, porque deberemos esconder los "entresijos" de las puntadas en el revés de la tela para que no sean visibles por el derecho de la misma. En este libro utilizaremos paño de lana, lona y lino, unos tejidos excelentes para bordar, especialmente para principiantes. Una vez adquieras destreza y seguridad, podrás pasar a trabajar con tejidos más complicados, como el tul o la seda.

MATERIALES PARA PRENDAS DE VESTIR

Muchos de los proyectos de este libro incluyen bordados sobre prendas de vestir. No existen reglas fijas que determinen qué tejidos de vestir pueden o no bordarse, pero es conveniente ser consciente de la tolerancia de la tela al bordado. Como sucede con los tejidos en general, debemos escoger prendas que no sean elásticas en exceso. Las prendas vaqueras, de algodón o de lino son opciones excelentes para quienes comienzan su periplo en el mundo del bordado.

HILO DE TEJER

En algunos de los proyectos de este libro se utiliza hilo de tejer del mismo tipo que se emplea para labores de punto y ganchillo. En los proyectos encontrarás instrucciones sobre el color y el gramaje del hilo más adecuados. El término *gramaje* se refiere al grosor del hilo de tejer: cuanto más bajo sea el gramaje, más delgado y fino será el hilo; cuanto más alto sea el gramaje, más grueso y voluminoso resultará el hilo. Las instrucciones del proyecto te indicarán qué gramaje escoger para completarlo.

HERRAMIENTAS

Estas herramientas propias del oficio te ayudarán a completar fácilmente y con éxito tus proyectos de bordado. No es necesario que compres todos y cada uno de los útiles que se mencionan, aunque todos son un magnífico complemento para tu arsenal de bordado.

BASTIDORES DE BORDAR

Los bastidores de bordar están disponibles en tamaños que van desde los 7,5 a los 35,5 cm de diámetro, y suelen estar fabricados en madera o plástico (con un poco de suerte, puedes encontrar bastidores *vintage* hechos de metal en mercadillos o tiendas de segunda mano). Pueden comprarse en cualquier tienda de manualidades, aunque si estás buscando un tamaño o material en particular, la búsqueda en internet también resulta útil.

El bastidor está diseñado para mantener tensada la tela y facilitar así el bordado del diseño. Si el tejido está destensado resulta más difícil dar puntadas sólidas y bien definidas que mantengan su forma una vez desmontes el tejido o material del bastidor. Por eso, aunque no vayas a utilizar el bastidor en todos tus proyectos de bordado, te recomiendo su uso siempre que sea posible.

Los diferentes tamaños de bastidor te serán de ayuda cuando trabajes en diferentes proyectos de bordado. Por ejemplo, si estás trabajando en un bordado de gran tamaño en la espalda de una americana, te será más fácil utilizar un bastidor de 30,5 cm de diámetro que abarque el diseño en su totalidad sin tener que reposicionar el bastidor. Si estás bordando el lateral de tus pantalones vaqueros y no tienes demasiado espacio para trabajar, es conveniente emplear un bastidor pequeño, de 10 cm de diámetro, que puedas cambiar de posición a medida que te vayas moviendo arriba y abajo por la pernera de la prenda. Si en alguno de los proyectos se recomienda un tamaño de bastidor que no tengas a mano, puedes sustituirlo por uno de tus bastidores que tenga el tamaño adecuado.

Para utilizar el bastidor, afloja la tuerca del aro exterior y sepáralo del aro interior. Coloca el tejido sobre este y después sitúa el aro exterior sobre el tejido. Atornilla ligeramente la tuerca, lo justo para que el aro exterior se mantenga en su sitio. Antes de atornillarla completamente, tira del tejido para tensarlo, de tal manera que no queden frunces ni arrugas en la superficie que vas a bordar; después, atornilla la palometa tanto como te sea posible. Cuanto más tensado quede el tejido alrededor del aro, más limpias y bien definidas se verán las puntadas al finalizar.

No te preocupes si tienes que volver a posicionar el bastidor sobre zonas que ya hayas bordado; las puntadas son lo suficientemente fuertes como para resistir el montaje y desmontaje en el bastidor, y no deberían presentar daño alguno cuando aflojes el aro exterior.

TIJERAS DE BORDAR

Aunque los bonitos modelos disponibles puedan resultar muy tentadores, no es necesario que inviertas mucho dinero en unas tijeras de bordar. Busca unas tijeras pequeñas, de hojas cortas que te permitan realizar con precisión cortes en las puntadas sin dañar el tejido subyacente.

AGUJAS DE BORDAR

Las agujas de bordar se presentan en tamaños variados; algunas son más finas, con el ojo más pequeño, y otras más gruesas, con el ojo más grande. Los diferentes fabricantes utilizan diferentes numeraciones para indicar el tamaño. Yo utilizo agujas de bordar de la marca DMC, cuyo tamaño va desde el 1 hasta el 10. Aunque parezca contradictorio, cuanto más pequeño sea el número, mayor será el tamaño de la aguja y el ojo; así, la aguja de bordar más corta es la del n.º 10, mientras que la más larga es la del n.º 1.

Según mi experiencia, no hace falta que tengas muchas agujas de diferentes tamaños. Yo suelo utilizar dos agujas para mis diversos proyectos de bordado: una de tamaño pequeño (n.º 7) cuando trabajo con entre 1 y 3 hebras de hilo de bordar *mouliné*, y una de tamaño grande (n.º 3), cuando utilizo entre 4 y 6 hebras de hilo, aunque cada persona es diferente y tiene sus preferencias en cuanto al tamaño de las agujas. Es sorprendente la preferencia que uno puede tener por una aguja en particular, llegando incluso a desarrollar un estrecho vínculo con su aguja favorita.

Si es la primera vez que vas a bordar, te recomiendo comprar un juego de agujas de diferentes tamaños que vayan del n.º 3 al n.º 9. Así podrás utilizar las agujas con el ojo más pequeño para las labores más delicadas, y las de ojo más grande para bordados de mayor grosor.

AGUJAS PARA COSER LABORES DE PUNTO

Son parecidas a las agujas de bordar, pero tienen el ojo más grande y son más gruesas para poder trabajar con hilo de tejer. Todos los proyectos de este libro que requieran una de estas agujas pueden realizarse con una del n.º 16, de acero y con la punta roma, de 5 cm de largo.

MARCADOR PARA TELA

Podemos utilizar prácticamente cualquier cosa para dibujar los patrones sobre el material. Sé de bordadores que utilizan lápices de mina de grafito o rotuladores permanentes comunes y corrientes. Personalmente, lo que me da mejor resultado son marcadores solubles en agua. Son parecidos a los lápices para colorear y puedes encontrarlos en tu tienda de manualidades local. Suelen estar disponibles en color blanco (para marcar sobre materiales oscuros) y en colores como azul o rosa (para marcar sobre materiales de color claro). Se les puede sacar punta con un sacapuntas normal y corriente, y mantenerlos así afilados para dibujar sobre el tejido. Lo que más me gusta de ellos es que son solubles en agua, así que si quedan marcas tras completar el bordado, solo tenemos que frotarlas con un poco de agua para hacerlas desaparecer. Yo utilizo marcadores de la marca Dritz, pero tú puedes elegir la que mejor resultado te dé.

REGLA/CINTA MÉTRICA

Algunos proyectos del libro requieren el uso de reglas, así que asegúrate de tener una a mano. Puedes utilizar cualquier regla normal y corriente, o bien una cinta métrica de modistería.

TIJERAS PARA TEJIDO

Son tijeras diseñadas para cortar tela. Están más afiladas que unas tijeras tradicionales y mantendrán el filo siempre y cuando las usemos exclusivamente para cortar tejido. Puedes utilizar unas tijeras estándar para cortar tus telas, pero si tienes pensado realizar un gran número de proyectos de bordado, unas tijeras para tejido son una herramienta básica y una buena inversión.

PISTOLA DE ENCOLAR

En un par de proyectos de este libro utilizaremos una pistola de encolar estándar de baja temperatura. Por poco dinero, puedes encontrar una en tu tienda de manualidades habitual.

SOPORTE PARA EL BASTIDOR

Un soporte para bastidores o para manualidades te será útil para sostener el bastidor; mucha gente opina que facilita la tarea de bordar. Aunque resultan relativamente económicos, son completamente opcionales y en absoluto necesarios. Yo evito utilizarlo a no ser que deba trabajar muchos puntos de tallo o nudos franceses, porque prefiero sostener el bastidor con las manos. Todo consiste en encontrar la manera de que el bordar te resulte lo más cómodo posible.

ESTAS HERRAMIENTAS PROPIAS DEL OFICIO TE AYUDARÁN A COMPLETAR FÁCILMENTE Y CON ÉXITO TUS PROYECTOS DE BORDADO.

EL HILO DE BORDAR

El hilo de bordar mouliné *es el elemento mágico del bordado. Sus diferentes variedades y cientos de opciones de color harán que tu personalidad individual brille con luz propia en el mundo del bordado.*

El hilo de bordar se presenta empaquetado en manojos llamados madejas. Cada madeja contiene 6 hebras de hilo de 8 m de largo. El número de hebras que utilicemos en un proyecto de bordado concreto determinará el aspecto final del mismo. Así, podemos usar las seis hebras al mismo tiempo para crear una línea gruesa, o solo una para crear una línea delicada y refinada. Cuantas más hebras utilices, más gruesas serán las puntadas; cuantas menos, más finas.

En ocasiones, resulta difícil no perderse entre los miles de colores, gramajes y variedades del hilo de bordar; a efectos de este libro, utilizaremos exclusivamente madejas de seis hebras de hilo de bordar de algodón. De entre las muchas marcas que existen, para los proyectos de este libro utilizaremos madejas DMC de algodón *mouliné*, el hilo más habitual empleado en el bordado y el más fácil de encontrar con una misma carta de color para el mundo entero.

Cada madeja va etiquetada con un número, y se presenta con un nombre de color coordinado que no aparece indicado en la madeja, pero que puede consultarse *online* o en una carta de color de DMC. Los hilos de bordar se agrupan por familias de color, formadas por los diferentes tonos de un mismo color. Estos tonos van del "ultraclaro" al "ultraoscuro", aunque no todas las familias incluyen la gama completa. Estas familias de color son un recurso de gran ayuda a la hora de planificar futuros proyectos de bordado, ya que nos informan de los tonos que dan buen resultado cuando los coordinamos entre sí.

Vamos a ver un par de ejemplos, organizados del tono más claro al más oscuro. Presta atención, porque los números no siguen un orden numérico, lo que a veces puede resultar confuso cuando exploramos las familias de color.

FAMILIA DE COLOR AZUL ANTIGUO

#3753 AZUL ANTIGUO ULTRACLARO
#3752 AZUL ANTIGUO MUY CLARO
#932 AZUL ANTIGUO CLARO
#931 AZUL ANTIGUO MEDIO
#930 AZUL ANTIGUO OSCURO
#3750 AZUL ANTIGUO MUY OSCURO

Ten en cuenta que no existe el color Azul antiguo a secas, y que, si bien existe el tono Azul antiguo ultraclaro, no existe el Azul antiguo ultraoscuro.

FAMILIA DE COLOR TURQUESA

#3811 TURQUESA MUY CLARO
#598 TURQUESA CLARO
#597 TURQUESA
#3810 TURQUESA OSCURO
#3809 TURQUESA MUY OSCURO
#3808 TURQUESA ULTRAOSCURO

Ten en cuenta que en esta familia sí existe el tono Turquesa, aunque no incluye los tonos Turquesa ultraclaro ni Turquesa medio.

Con 400 tonalidades diferentes, siempre podrás encontrar el color perfecto para cualquier proyecto de bordado. Una vez hayas completado los que incluye este libro, podrás experimentar con diferentes tipos de hilos de bordar, como los multicolor, los metalizados, los de lana, los de satén y muchos más.

CÓMO TRABAJAR CON PLANTILLAS

Este libro incluye plantillas para la mayoría de los proyectos que las requieren. Algunas son demasiado grandes para poder imprimirlas en el libro, pero pueden encontrarse en www.thethreadhoney.com/templates. Yo utilizo dos métodos para transferir las plantillas sobre el material.

1. CALCO

La manera más habitual de transferir las plantillas al tejido es calcándolas. Una caja de luz puede resultar de gran ayuda, si dispones de una; si no, puedes pegar la plantilla a una ventana con cinta adhesiva y colocar encima el material, de tal manera que la luz natural lo traspase y puedas dibujarla con el marcador.

CUÁNDO USAR EL CALCO
Cuando vayamos a bordar sobre tejidos tradicionales, como el paño de laña, el algodón o el lino.

2. ESTABILIZADOR DE TEJIDO SOLUBLE EN AGUA

Aunque existen en el mercado diversos estabilizadores de tejido solubles en agua y papeles *transfer* para textil, recomiendo utilizar Sticky Fabri-Solvi de la marca Sulky, parecido al papel perforado para impresora y disponible en hojas de 22 × 28 cm. Me gusta este producto porque te permite adherir tus diseños directamente sobre el material que vayas a bordar. Al ser adhesivo, queda fijado en su lugar mientras vamos trabajando; una vez completado el bordado, podemos eliminar el estabilizador sobrante con agua. Si bien puede ser complicado encontrar Sticky Fabri-Solvi en tiendas de manualidades tradicionales, es fácil conseguirlo *online* en tiendas como Amazon.

Cómo funciona: primero trasferimos la plantilla al estabilizador, bien dibujándola con un bolígrafo, bien escaneándola para después imprimirla directamente sobre el estabilizador. Una vez hayamos transferido la plantilla, solo tendremos que desprender la lámina del reverso y pegar el estabilizador directamente allí donde deseemos bordar. Cuando hayamos terminado, sumergiremos el tejido en agua tibia, que disolverá el estabilizador dejando solo el bordado, ya completo, de nuestro proyecto.

CUÁNDO UTILIZAR UN ESTABILIZADOR DE TEJIDO SOLUBLE EN AGUA
Cuando vayamos a bordar sobre tejidos gruesos, como el *denim*.

TRUCOS Y CONSEJOS PARA BORDAR

A la hora de abordar tus proyectos de bordado, ya sean los de este libro o los que acometas por tu cuenta en el futuro, ten en mente estos útiles consejos.

PONTE CÓMODO

Como puedes llegar a pasar muchas horas bordando, es importante que encuentres una posición que te resulte cómoda durante periodos prolongados de tiempo. Aunque cada persona es diferente, a mí lo que me resulta más cómodo es sentarme en el sofá con las piernas estiradas al frente. Así puedo reclinarme ligeramente, sin llegar a tumbarme, de tal manera que mi cuello tenga un punto de apoyo. Coloco un cojín debajo del brazo izquierdo y uso la mano izquierda para sostener la parte superior del bastidor, de modo que la parte inferior del mismo descanse sobre mi estómago. Así puedo usar la mano derecha para manejar la aguja de bordar.

LOCALIZA LAS PUNTADAS DEFECTUOSAS LO ANTES POSIBLE

A medida que vas bordando, mantente alerta para detectar lo antes posible cualquier error que hayas podido cometer. Una vez dejes atrás una puntada defectuosa, es virtualmente imposible volver sobre tus pasos para arreglarla, por lo que tendrás que conformarte o deshacer todas las puntadas hasta llegar a la puntada errónea y corregirla.

CONSEJOS DE MANTENIMIENTO

Dado que dedicamos mucho tiempo y trabajo a la creación de nuestras piezas bordadas, es lógico que les demos un cuidado extraordinario y especial. Yo siempre lavo a mano mis piezas bordadas, y las pongo a secar en plano. A la hora de plancharlas, primero coloco una toalla de baño esponjosa sobre la tabla de planchar, para crear un almohadillado adicional. Después pongo sobre ella la pieza bordada, con el bordado boca abajo, de tal modo que los "entresijos" de las puntadas queden de cara a mí. Plancho este lado del material en lugar de planchar el derecho del bordado para que las bellas puntadas no queden aplastadas por efecto de la plancha.

LO IMPORTANTE ES EL CAMINO, NO EL DESTINO

En la medida de lo posible, intenta que estos proyectos no te resulten una especie de deberes que has de terminar lo antes posible. Disfruta del tiempo que dediques a bordar mientras escuchas tu música o tu pódcast favoritos o mientras te relajas con la televisión encendida de fondo. El bordado es un proceso muy terapéutico, y el acto de dar puntada tras puntada pacientemente puede resultar un relajante pasatiempo que te ayude a aliviar el estrés.

PUNTOS DE BORDADO

Los nueve tipos de puntos que veremos a continuación te dotarán de una sólida base para bordar a mano, ofreciéndote una miríada de texturas diferentes, incluyendo los nudos franceses (un punto de tipo circular), el punto satén (recto) y el punto de cadeneta (sinuoso y que confiere grosor).

Una vez domines estos puntos, podrás crear bellas piezas llenas de dinamismo, y habrás superado con éxito tu etapa de bordador principiante para convertirte en un experto. Además, tras aprender a realizar estos puntos, serás capaz de manejar cualquier otro tipo de puntada con la que te encuentres por primera vez.

NOCIONES BÁSICAS SOBRE AGUJA E HILO

Separa unas hebras de hilo *mouliné* de bordar de la madeja y córtalas a una longitud que te resulte manejable; puedes empezar con 18-20 cm de hilo. Si utilizas un hilo demasiado largo, te darás cuenta de que tiende a enredarse y a hacer nudos a medida que trabajas.

Decide cuántas hebras de hilo de bordar necesitarás para el proyecto y sepáralas de la madeja. Guarda las hebras restantes para utilizarlas más adelante.

Pasa los dedos un par de veces a lo largo del hilo. Esto te ayudará a eliminar dobleces y retorceduras del hilo, facilitándote la labor a medida que avanzas.

Una vez tengas preparado el hilo, enhebra la aguja y haz un nudo en el extremo opuesto del hilo. No anudes ambos extremos juntos. El bordado siempre se empieza por el revés del tejido. Pasa la aguja desde el revés hacia el derecho, para que el nudo quede en el revés de la tela, y ¡ya estás listo para empezar a bordar!

He ordenado los puntos de bordado que veremos a continuación comenzando por los más sencillos para el principiante hasta llegar a los que resultan un poco más complejos. Al final de la sección dedicada a los puntos de bordado encontrarás un muestrario de bordado, un proyecto que se puede realizar con bastidor e incluye cada uno de los puntos que aparecen en la sección. Este muestrario es una excelente oportunidad para practicar tus recién adquiridas habilidades con el bordado sin la presión de tener que alcanzar la perfección.

PUNTO DE HILVÁN

Este es el punto más fácil de aprender y uno de los menos complicados para quienes nunca hayan intentado bordar hasta ahora.

Escoge el lugar del motivo por el que te gustaría comenzar; lo llamaremos punto A. Pasa la aguja desde la parte posterior del bastidor, de modo que el nudo del hilo quede en el revés del tejido al pasar la aguja hacia el derecho del mismo. Ya puedes empezar a bordar punto de hilván.

PASO 1
Para crear el punto, solo tienes que pasar la aguja desde el derecho hacia el revés del tejido en el punto B. La puntada puede ser corta o larga, en función del proyecto en el que estés trabajando. Escoger el tamaño adecuado de puntada es importante, ya que es deseable que todas tengan la misma longitud para que el punto luzca un aspecto más pulido y uniforme.

PASO 2
Desde el revés del tejido, clava la aguja a una distancia de una puntada desde el punto B, en un punto que llamaremos C, recordando mantener todas las puntadas a la misma distancia. Pasa la aguja hacia el derecho del tejido.

PASO 3
Repite el mismo proceso del paso 1 y pasa la aguja hacia el revés del tejido en el punto D, a una puntada de distancia de C.

PASO 4
Repite el proceso hasta que se acabe el hilo o hasta que consideres que ya has bordado suficientes puntos. Pasa la aguja hacia el revés de la tela, haz un pequeño nudo y corta el hilo sobrante.

CUÁNDO UTILIZAR EL PUNTO DE HILVÁN
El punto de hilván es un buen método para proyectos a los que quieras dar un aire casero o *vintage*.

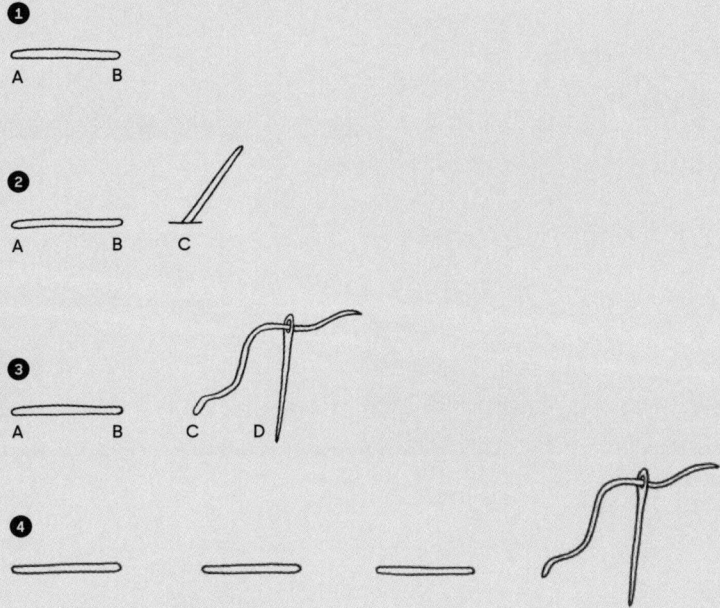

PES- PUNTE

El pespunte (o punto atrás) es un punto polivalente que puede emplearse en cualquier tipo de proyecto. Aunque es uno de los puntos más fáciles de aprender, una vez lo dominas su aspecto es de todo menos básico. El propósito del pespunte es crear una línea de aspecto continuo, sin interrupciones.

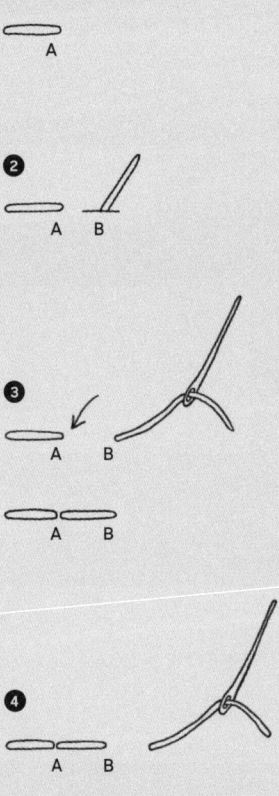

Escoge el lugar del dibujo por el que quieras comenzar. Pasa la aguja desde el revés hacia el derecho del tejido, de modo que el nudo quede por el revés cuando traigas la aguja al derecho. Ya puedes comenzar a bordar pespuntes.

PASO 1
Da una pequeña puntada hacia atrás, es decir, en dirección opuesta a la que desees bordar. Llamaremos A al punto de inicio de esta puntada corta.

PASO 2
La aguja está otra vez por el lado del revés del tejido. Tráela al derecho, por delante de la primera puntada, a una puntada de distancia del punto A. Este será el punto B.

PASO 3
Pasa de nuevo la aguja hacia el revés del tejido por el punto A. No debe quedar ningún hueco entre puntadas, para crear una línea continua.

PASO 4
Repite el proceso hasta que te quedes sin hilo o decidas que ya has bordado suficientes puntos. Pasa el hilo hacia el revés del tejido, haz un pequeño nudo y corta el hilo sobrante.

CUÁNDO UTILIZAR EL PESPUNTE
El pespunte es uno de los puntos más versátiles, y puede utilizarse para delinear o para rellenar áreas de bordado de gran extensión. También resulta ideal para sustituir puntos complicados con un tipo de punto más fácil para principiantes; así, siempre que en las instrucciones de un proyecto aparezcan el punto de cadeneta o el punto de tallo, puedes sustituirlos por el pespunte.

PUNTO CORTO Y LARGO

El punto corto y largo es una variante del punto ladrillo, que se utiliza para rellenar secciones de bordado.

Escoge el lugar del dibujo por el que quieras comenzar. Pasa la aguja desde el revés hacia el derecho del tejido, de modo que el nudo quede por el revés del mismo cuando traigas la aguja al derecho. Ya puedes comenzar a bordar punto corto y largo.

PASO 1
Para empezar, haz un punto de pespunte de la longitud que desees dar al punto corto.

PASO 2
Justo al lado de este primer punto, haz una puntada más larga que la primera.

PASO 3
Justo al lado de la puntada del paso 2, haz otra puntada que tenga aproximadamente la misma longitud que la puntada original que has hecho en el paso 1.

PASO 4
Repite el proceso, alternando la longitud de las puntadas a medida que avanzas. En este ejemplo hemos utilizado el punto corto y largo para delinear una forma curva, pero también se puede utilizar de tal modo que los extremos superiores de las puntadas formen una línea recta.

PASO 5
Usa las puntadas que has creado como base para añadir más hileras de puntos cortos y largos, alternándolos en longitud para dar un acabado más orgánico y visualmente atractivo a tu bordado.

CUÁNDO UTILIZAR EL PUNTO CORTO Y LARGO
Es un punto muy adecuado para rellenar secciones con forma irregular.

PUNTOS DE BORDADO

PUNTO DE CADE-NETA

El punto de cadeneta tiene un aspecto más vintage, *y es ideal para añadir textura a los proyectos textiles. El que aquí se describe no es el punto de cadeneta "clásico", sino que lo trabajaremos en reverso, un método más sencillo que da un resultado más uniforme.*

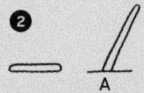

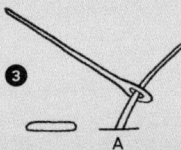

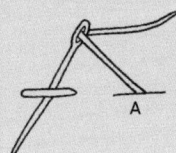

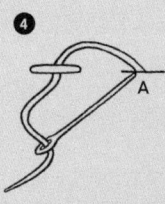

Escoge el lugar del dibujo por el que quieras comenzar. Pasa la aguja desde el revés hacia el derecho del tejido, de modo que el nudo quede por el revés del mismo cuando traigas la aguja al derecho. Ya puedes comenzar a bordar punto de cadeneta.

PASO 1
Borda primero un pequeño punto de hilván.

PASO 2
La aguja está ahora en el revés del tejido. Tráela hacia el derecho pasándola por el punto A, a corta distancia de la primera puntada.

PASO 3
Ahora, con la aguja en el derecho del tejido, pásala por debajo de la primera puntada con un movimiento de lado a lado, con cuidado de no prender el tejido.

PASO 4
Tirando con firmeza de la aguja, vuelve a pasarla hacia el revés por el punto A original, para así crear un pequeño bucle sobre el derecho del tejido.

PASO 5
Desde el revés del tejido, pasa la aguja hacia el derecho por el punto B, intentando mantener la misma distancia que antes (para que las puntadas se vean uniformes). Crea otro punto pasando la aguja por debajo de la puntada precedente y llevándola hacia el revés por el punto B.

PASO 6
Repite los pasos del 1 al 5 para crear una cadeneta. Continúa con el proceso hasta que se te acabe el hilo o consideres que ya has bordado suficientes puntos. Pasa el hilo hacia el revés del tejido, haz un pequeño nudo y corta el hilo restante.

CUÁNDO UTILIZAR EL PUNTO DE CADENETA
El punto de cadeneta es muy indicado para bordar monogramas y letras, o cuando queremos crear líneas bordadas de cierto grosor.

PUNTO SATÉN

El punto satén o "punto de relleno" es un tipo de puntada intuitiva que nos permite rellenar secciones mediante puntadas planas yuxtapuestas.

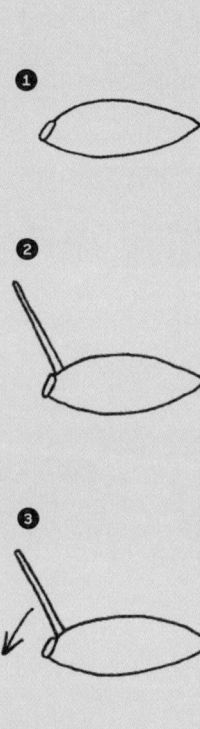
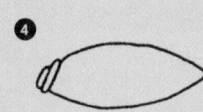
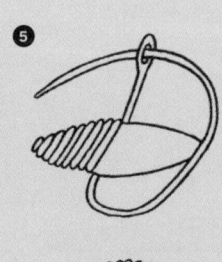

Escoge el lugar del dibujo por el que quieras comenzar. Pasa la aguja desde el revés hacia el derecho del tejido, de tal modo que el nudo quede por el revés del mismo cuando traigas la aguja al derecho. Ya puedes comenzar a bordar punto satén.

PASO 1
Desde el revés del tejido, da una primera puntada corta siguiendo el contorno del dibujo.

PASO 2
Desde el revés del tejido, coloca la aguja directamente junto al agujero a través del que has pasado la aguja hacia el revés en el paso anterior.

PASO 3
Pasa la aguja hacia el derecho y da la segunda puntada en paralelo a la primera, cerciorándote siempre de seguir el contorno del dibujo.

PASO 4
No debería quedar ningún hueco entre la primera y la segunda puntada. Si no es el caso, no te preocupes; rellénalo con otra puntada.

PASO 5
Repite los pasos del 1 al 4 para crear tu punto de satén. Continúa con el proceso hasta que se te acabe el hilo o consideres que ya has bordado suficientes puntos. Pasa el hilo hacia el revés del bastidor, haz un pequeño nudo y corta el hilo restante.

CUÁNDO USAR EL PUNTO SATÉN
El punto satén es ideal para rellenar grandes secciones de un área en el menor tiempo posible.

CONSEJO
Al bordar sobre tela, cuanto más cortas sean las puntadas de tu punto satén, mejor. Los puntos satén muy largos tienden a levantarse y perder tensión, y son propensos a engancharse cuando la ropa entra en contacto con otros objetos.

PUNTO DE ESTRE- LLA

Este sencillo punto te ayudará a crear adornos perfectos para tu bordado.

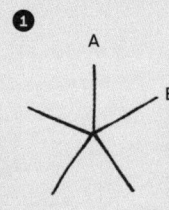

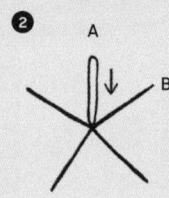

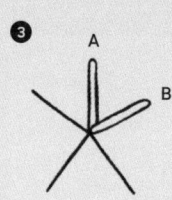

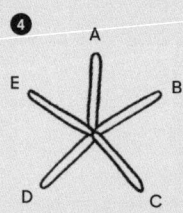

Para trabajar con este punto, crea la estrella. Parte de una de sus puntas y ve hacia el centro de la misma, moviéndote a su alrededor en sentido horario a medida que avanzas. Repite el proceso desde las puntas de la estrella hacia el centro de esta.

PASO 1
Comienza a bordar en una de las puntas del dibujo de la estrella, al que llamaremos punto A. Desde el revés, pasa la aguja a través de la tela, de modo que quede sobre el anverso del bastidor.

PASO 2
Pasa la aguja a través del punto central del dibujo, creando así una puntada. La aguja quedará en el reverso del bastidor.

PASO 3
Trabajando en sentido horario, lleva la aguja a la siguiente punta de la estrella (punto B) y pásala a través de la tela, de tal modo que quede nuevamente sobre el anverso del bastidor. Después pásala de nuevo por el centro del dibujo, creando así otra puntada.

PASO 4
Repite el proceso a medida que avances alrededor de la estrella, haciendo pasar la aguja por el centro de la misma en cada puntada.

PASO 5
Una vez completada la estrella, haz un pequeño nudo en el revés del tejido para fijar el hilo.

CUÁNDO UTILIZAR PUNTO DE ESTRELLA
El punto de estrella es ideal para crear… (sí, lo has adivinado) estrellas. Puedes experimentar con ellas, añadiéndoles más puntas. Si les añades más de 10, la estrella tomará el aspecto de una flor. Así, este sencillo punto puede servirte para crear campos de flores en muy poco tiempo.

PUNTO ESPINA DE PESCA-DO

Este punto te permitirá bordar hojas con facilidad y rapidez.

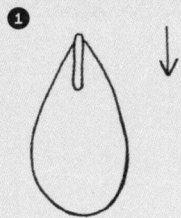

Cuando trabajes con punto espina de pescado, te recomiendo que comiences por el extremo más fino de la hoja (es decir, por el punto más alejado del tallo). Desde el envés del bastidor, pasa la aguja hacia el derecho de la tela, de manera que el nudo del hilo quede por el revés. Ya puedes empezar a bordar tu punto espina de pescado.

PASO 1
Partiendo del anverso del bastidor, crea una puntada justo en medio de la hoja en dirección al tallo. La longitud de esta puntada debería ser una cuarta o una quinta parte de la longitud total de la hoja.

PASO 2
Con la aguja ahora en el reverso del bastidor, da una puntada justo a la derecha de la puntada del paso 1. El extremo inferior de esta nueva puntada debería quedar superpuesto al extremo inferior de la primera.

PASO 3
Con la aguja nuevamente en el reverso del bastidor, da una puntada justo a la izquierda de la puntada del paso 1. El extremo inferior de esta nueva puntada debería quedar superpuesto al extremo inferior de la del paso 2.

PASO 4
Repite los pasos 1 a 3, alternando las puntadas a derecha e izquierda, hasta que llegues a la parte inferior de la hoja.

PASO 5
Rellena los espacios vacíos que queden en ambos lados de la parte inferior de la hoja con punto satén (ver p. 33).

CUÁNDO UTILIZAR EL PUNTO ESPINA DE PESCADO
El punto espina de pescado está pensado para bordar hojas, pero también puedes utilizarlo para bordar plumas o bayas pequeñas.

PUNTO DE TALLO

El punto de tallo es mucho más versátil de lo que su nombre indica. Es un tipo de punto sofisticado que puede elevar tus bordados a un nivel superior.

Este punto es mucho menos complicado de realizar si usamos ambas manos mientras lo aprendemos; por eso, si cuentas con un soporte para manualidades, es el momento de utilizarlo. Si no, no te preocupes. Coloca el bastidor plano frente a ti sobre una mesa y así podrás utilizar ambas manos para bordar.

Escoge el lugar del dibujo por el que quieras comenzar; lo llamaremos punto A. Pasa la aguja desde el reverso del bastidor hacia el derecho del tejido, de modo que el nudo quede por el revés de este cuando traigas la aguja hacia el derecho. Ya puedes comenzar a bordar.

PASO 1
Da una pequeña puntada del punto A al punto B, pasando la aguja hacia el reverso del bastidor pero sin tensar completamente el hilo, como harías con una puntada normal. En lugar de eso, sujeta con cuidado el hilo con la otra mano para no tensar la puntada.

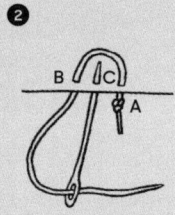

PASO 2
Volviendo atrás sobre la puntada inicial, y a medio camino de esta, pasa la aguja desde el anverso del bastidor hacia el derecho de la tela por el punto C. Ya puedes soltar el hilo que estabas sujetando con la otra mano y tirar de él para que quede tenso y pulido.

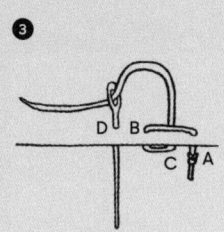

PASO 3
Partiendo del punto C, da otra puntada de longitud completa hasta el punto D (la mitad de esta puntada sobrepasará el punto B). Pasa la aguja desde el anverso hacia el reverso del bastidor, sujetando otra vez el hilo cuidadosamente con la otra mano para que no quede tensado.

PASO 4
Partiendo del punto D, vuelve atrás media distancia sobre la puntada previa (es decir, a la misma altura que B), pasa la aguja y suelta el hilo que estabas sujetando con la otra mano para tirar de él y tensarlo.

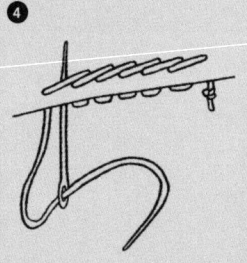

PASO 5
Repite los pasos 1 a 4 a medida que avances sobre el diseño.

CUÁNDO UTILIZAR EL PUNTO DE TALLO
Como su nombre indica, este punto es ideal para bordar tallos de flores, aunque también es muy versátil. Yo lo utilizo a menudo en lugar del pespunte, porque también sirve para crear una línea continua, aunque con una ligera curvatura del hilo le da un toque sorprendente.

NUDO FRANCÉS

El nudo francés es una excelente manera de añadir textura a tus bordados. Si bien al principio puede resultar un tanto complicado, una vez domines la técnica, el nudo francés se convertirá en tu mejor amigo.

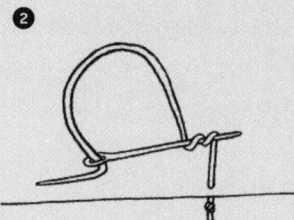

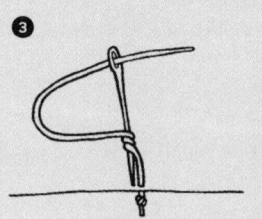

Escoge el lugar del dibujo por el que quieras comenzar. Pasa la aguja desde el reverso del bastidor hacia el derecho del tejido, de modo que el nudo quede por el revés de este cuando traigas la aguja al derecho. Ya puedes comenzar a bordar con nudo francés.

PASO 1
Con una mano, sujeta la aguja frente al bastidor mientras tensas el hilo con la otra. Es importante que sujetes el hilo con firmeza para que el nudo quede donde desees.

PASO 2
Coloca la punta de la aguja frente al hilo y enrolla este alrededor de la aguja dando dos vueltas, mientras lo sujetas firmemente (esta maniobra resulta más fácil si mantienes el hilo abajo, cerca del bastidor).

PASO 3
Manteniendo el hilo lo más tenso posible, pasa la aguja a través del tejido, lo más cerca posible del punto por la que la sacaste antes (pero no por el mismo punto, ya que si lo haces, todo lo que has hecho en los pasos anteriores se deshará al pasar la aguja hacia el reverso del bastidor y tendrás que comenzar de nuevo).

PASO 4
Cuando pases la aguja hacia el reverso del bastidor, te quedará un pequeño nudo francés bien apretado por el derecho del bordado.

PASO 5
Repite los pasos del 1 al 4 tantas veces como necesites para completar tu proyecto de bordado.

Como hemos visto en la p. 20, un bordado resultará más o menos grueso en función de las hebras de hilo de bordar que utilicemos. En el caso del nudo francés, esta regla se traduce en el número de vueltas de hilo que demos alrededor de la aguja. Si solo damos una vuelta de hilo, obtendremos un nudo muy pequeño; si damos tres o cuatro, obtendremos un nudo de grandes dimensiones. Como regla general, para crear un nudo francés yo doy dos vueltas de hilo alrededor de la aguja.

CUÁNDO UTILIZAR EL NUDO FRANCÉS
Podemos emplear el nudo francés para poner los puntos sobre las íes o cualquier otra letra que lo necesite, para bordar bayas o para dar más categoría a los detalles florales de nuestro bordado.

MUES-TRARIO DE PUNTOS

Ahora que ya has aprendido los diferentes puntos de bordado que vamos a utilizar en este libro, ha llegado el momento de llevarlos a la práctica. Este muestrario de bordado es el lugar perfecto para practicar los diferentes puntos sin la presión de tener que realizarlos a la perfección. Consulta el muestrario que aparece en la ilustración para ver qué colores y cuántas hebras de hilo debes utilizar, y para comprobar dónde debes situar cada tipo de punto.

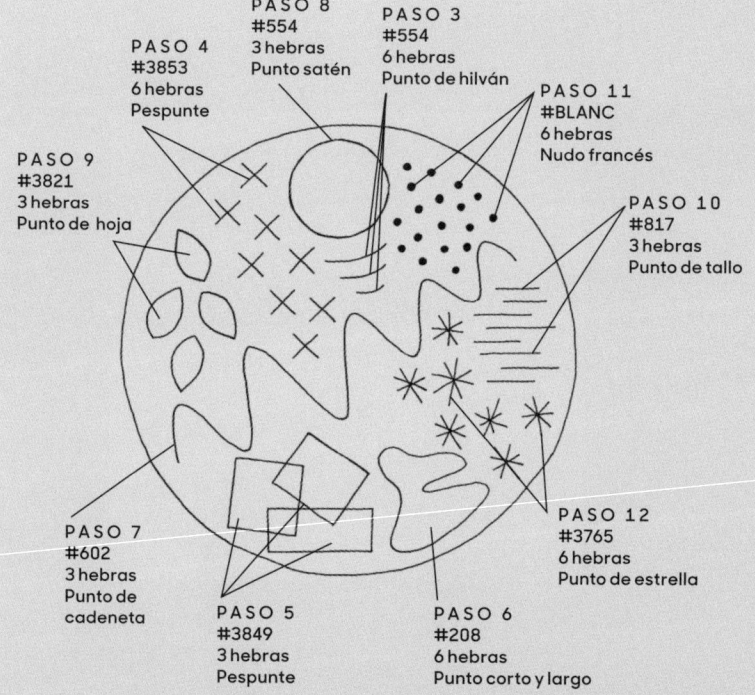

PASO 4
#3853
6 hebras
Pespunte

PASO 8
#554
3 hebras
Punto satén

PASO 3
#554
6 hebras
Punto de hilván

PASO 11
#BLANC
6 hebras
Nudo francés

PASO 9
#3821
3 hebras
Punto de hoja

PASO 10
#817
3 hebras
Punto de tallo

PASO 7
#602
3 hebras
Punto de cadeneta

PASO 5
#3849
3 hebras
Pespunte

PASO 6
#208
6 hebras
Punto corto y largo

PASO 12
#3765
6 hebras
Punto de estrella

MATERIALES

- PLANTILLA
  (thethreadhoney.com/templates)
- PAÑO DE LANA

HILO DE BORDAR *(MOULINÉ)*

Al ser un muestrario de práctica, no es necesario que utilices todos estos colores; puedes practicar los puntos con un solo color.

- DMC #BLANC (BLANCO)
- DMC #208 LAVANDA MUY OSCURO
- DMC #554 VIOLETA CLARO
- DMC #602 ARÁNDANO MEDIO
- DMC #817 ROJO CORAL MUY OSCURO
- DMC #3765 AZUL PAVO REAL MUY OSCURO
- DMC #3821 PAJIZO
- DMC #3849 AZUL CERCETA CLARO
- DMC #3853 DORADO OTOÑAL OSCURO

HERRAMIENTAS

- BASTIDOR DE BORDAR DE 20 CM DE DIÁMETRO
- MARCADOR PARA TELA
- AGUJA DEL N.º 7
  (utiliza esta aguja para bordar con 1-3 hebras)
- AGUJA DEL N.º 3
  (utiliza esta aguja para bordar con 4-6 hebras)
- TIJERAS DE BORDAR

INSTRUCCIONES

PASO 1
Sobre una superficie plana, coloca el bastidor de bordar encima del tejido previamente planchado. Con el marcador para tela, haz unas pequeñas marcas alrededor del bastidor, a 3 cm de este, y recorta el tejido siguiendo estas marcas.

PASO 2
Ayudándote del marcador para tela, calca la plantilla en el centro del tejido. Una vez dibujada, ya puedes colocar el tejido, tensándolo, sobre el aro interior del bastidor y fijar el aro exterior apretando la tuerca.

PASO 3
Borda con punto de hilván las líneas curvas situadas debajo del círculo con seis hebras de color #554 Violeta claro.

PASO 4
Borda las "X" con pespunte, utilizando seis hebras de color #3853 Dorado otoñal oscuro.

PASO 5
Borda los contornos de los triángulos con pespunte, utilizando tres hebras de color #3849 Azul cerceta claro.

PASO 6
Borda con punto corto y largo la forma curva irregular con seis hebras de #208 Lavanda muy oscuro.

PASO 7
Borda la línea ondulante con punto de cadeneta, utilizando tres hebras de color #602 Arándano medio.

PASO 8
Borda la forma circular con punto satén, utilizando tres hebras de color #554 Violeta claro.

PASO 9
Borda las formas de hoja con punto espina de pescado, utilizando tres hebras de color #3821 Paja.

PASO 10
Borda las pequeñas líneas rectas con punto de tallo, utilizando tres hebras de color #817 Rojo coral muy oscuro.

PASO 11
Borda los puntos con nudo francés, utilizando seis hebras de color #BLANC (Blanco).

PASO 12
Borda las estrellas con punto de estrella utilizando seis hebras de color #3765 Azul pavo real muy oscuro.

PROYECTOS

Los 30 proyectos incluidos en este libro te ofrecen la oportunidad de hacer bordados para tu hogar y tu armario, y así crear nuevas piezas artísticas para tus estancias favoritas y poner al día prendas que ya no utilizas, reciclándolas.

Estos proyectos están diseñados para que puedas vestirte con bordados de la cabeza a los pies, literalmente: hay un sombrero bordado, unas sandalias bordadas, y muchas prendas más. He diseñado estos proyectos para que puedas picotear aquí y allá hasta encontrar los que más te satisfagan y te permitan seguir adelante en tu viaje, incorporando el bordado a tu vida en todas aquellas formas que te vengan a la imaginación.

NIVEL DE DIFICULTAD
....
MEDIO

TIEMPO
....
6-8 HORAS

PUNTOS DE BORDADO
....
- PESPUNTE *(p. 30)*
- PUNTO DE CADENETA *(p. 32)*
- PUNTO SATÉN *(p. 33)*

MATERIALES
....
- PLANTILLA *(p. 146)*
- CARTERA DE MANO DE LONA DE 23 × 12,5 CM

HILO DE BORDAR (*MOULINÉ*)
....
- DMC #310 NEGRO
- DMC #435 MARRÓN MUY CLARO
- DMC #437 TOSTADO CLARO

HERRAMIENTAS
....
- TIJERAS DE BORDAR
- MARCADOR PARA TELA O STICKY FABRI-SOLVY
- AGUJA DEL N.º 7

CARTERA FOLK DE LONA EN TONOS NEUTROS

Inspirada en las técnicas del bordado tradicional mexicano, esta pequeña cartera de mano de lona es un proyecto que te permitirá crear una llamativa pieza utilizando colores neutros y tan solo unos puntos de bordado.

CONSEJO
Gracias a la rigidez de la lona, podrás completar este proyecto sin necesidad de un bastidor de bordar; si aun así deseas usarlo, adelante.

DISEÑO PARA CARTERA FOLK DE LONA EN TONOS NEUTROS

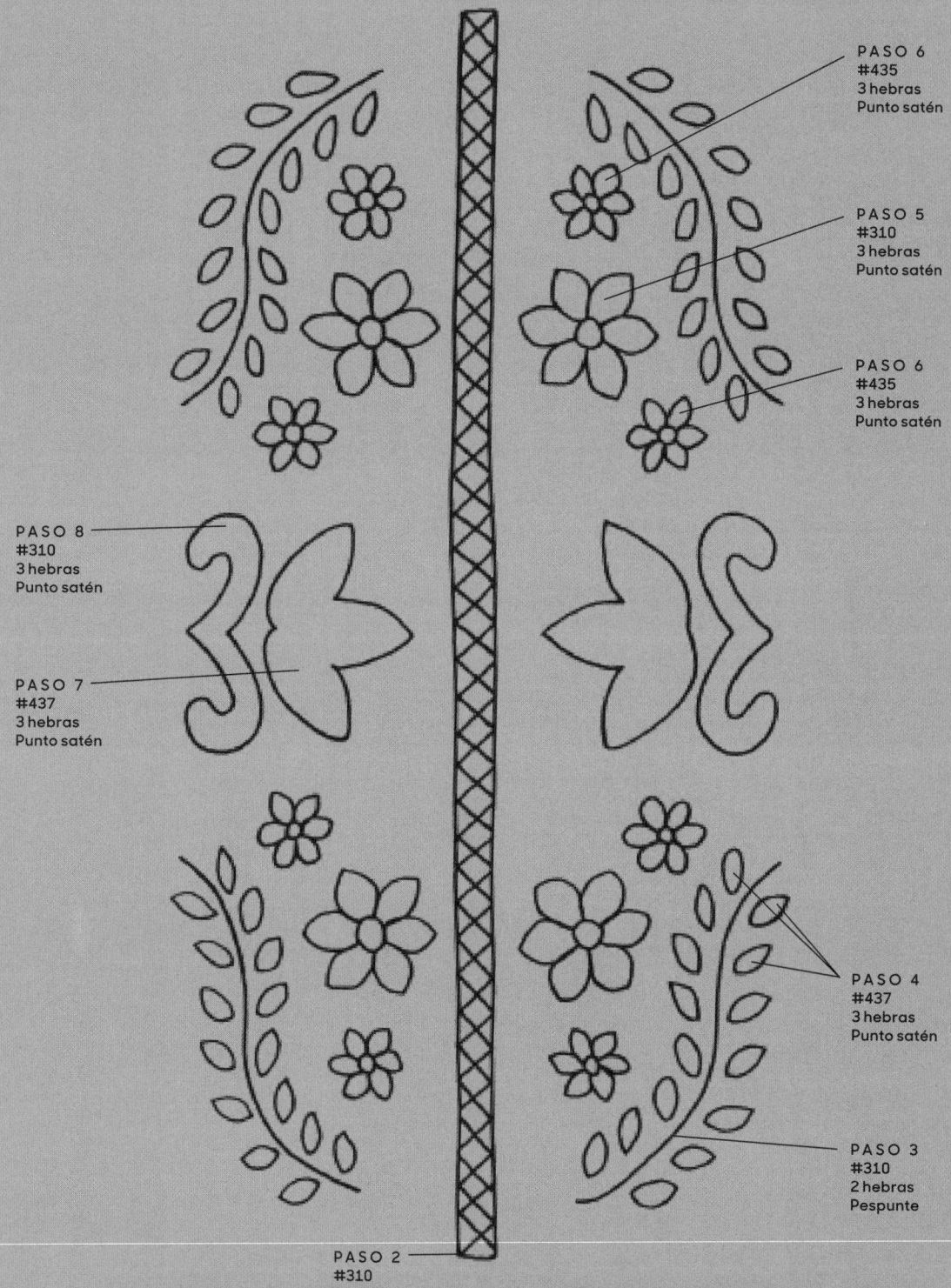

INSTRUCCIONES

PASO 1

Transfiere la plantilla al bolsito de lona. Para ello, yo he utilizado Sticky Fabri-Solvy (ver p. 23), pero también puedes calcarla si te resulta más conveniente. Cuando empieces a bordar, ten en cuenta que debes evitar que el bordado traspase las dos hojas de tejido de la carterita; pon especial cuidado en pasar la aguja por una sola hoja de tejido.

PASO 2

Borda la sección central del dibujo con pespuntes, utilizando dos hebras del color #310 Negro.

PASO 3

Borda los cuatro tallos de vid del diseño con punto de cadeneta, utilizando dos hebras del color #310 Negro.

PASO 4

Borda las hojas que rodean los cuatro tallos de vid con punto satén, utilizando tres hebras del color #437 Tostado claro. Rellena las hojas con punto satén en sentido horizontal, es decir, a lo ancho de las hojas, no a lo largo (en sentido vertical) de las mismas.

PASO 5

Borda las flores situadas en el interior de la vid y las hojas. Borda la flor central con punto satén, utilizando tres hebras de color #310 Negro. Haz los puntos satén para rellenar los pétalos avanzando desde el centro de la flor hacia fuera, y después nuevamente hacia dentro. Esto dará a la flor una forma más orgánica.

PASO 6

Borda las dos flores pequeñas a ambos lados de la flor central con punto satén, utilizando tres hebras de color #435 Marrón muy claro. Aplica la misma técnica que has utilizado en el paso 5, bordando los puntos satén desde el centro de la flor hacia fuera y después, nuevamente hacia dentro.

PASO 7

Borda el motivo floral central del diseño con punto satén, utilizando tres hebras de color #437 Tostado claro, y trabajando en sentido horizontal, a lo ancho de la flor.

PASO 8

Borda la hoja central del diseño con punto de satén, siguiendo las curvas del motivo a medida que avances. Utiliza tres hebras de color #310 Negro.

PASO 9

Una vez completado el bordado, lávalo para eliminar el Sticky Fabri-Solvy (en caso de haberlo utilizado) y déjalo secar.

NIVEL DE DIFICULTAD
....
AVANZADO

TIEMPO
....
10 HORAS

BASTIDOR DECORATIVO CON OJO MÍSTICO

Da rienda suelta a tu magia interior con este tutorial para crear un bastidor decorativo con un ojo místico. Aunque las instrucciones puedan parecerte un tanto apabullantes, respira hondo y dirige tu energía hacia la creación de esta pieza única que hechizará a quienquiera que la contemple.

PUNTOS DE BORDDO

- PESPUNTE *(p. 30)*
- CADENETA *(p. 32)*
- NUDO FRANCÉS *(p. 37)*
- PUNTO CORTO Y LARGO *(p. 31)*
- PUNTO SATÉN *(p. 33)*
- PUNTO DE TALLO *(p. 36)*

MATERIALES

- PLANTILLA *(p. 147)*
- PAÑO DE LANA COLOR NEGRO
- BASTIDOR DE BORDAR DE 20 CM DE DIÁMETRO

HERRAMIENTAS

- TIJERAS DE BORDAR
- TIJERAS PARA TEJIDO
- PISTOLA DE ENCOLAR
- MARCADOR PARA TELA
- AGUJA DEL N.º 7

HILO DE BORDAR *(MOULINÉ)*

- DMC #BLANC (BLANCO)
- DMC #221 ROSA IRIDISCENTE MUY OSCURO
- DMC #223 ROSA IRIDISCENTE CLARO
- DMC #310 NEGRO
- DMC #435 MARRÓN MUY CLARO
- DMC #520 VERDE HELECHO OSCURO
- DMC #522 VERDE HELECHO
- DMC #926 VERDE GRISÁCEO MEDIO
- DMC #931 AZUL ANTIGUO MEDIO
- DMC #932 AZUL ANTIGUO CLARO
- DMC #3051 GRIS VERDOSO OSCURO
- DMC #3362 VERDE PINO OSCURO
- DMC #3721 ROSA IRIDISCENTE OSCURO
- DMC #3722 ROSA IRIDISCENTE MEDIO
- DMC #3740 VIOLETA ANTIGUO OSCURO

DISEÑO PARA BASTIDOR DECORATIVO CON OJO MÍSTICO

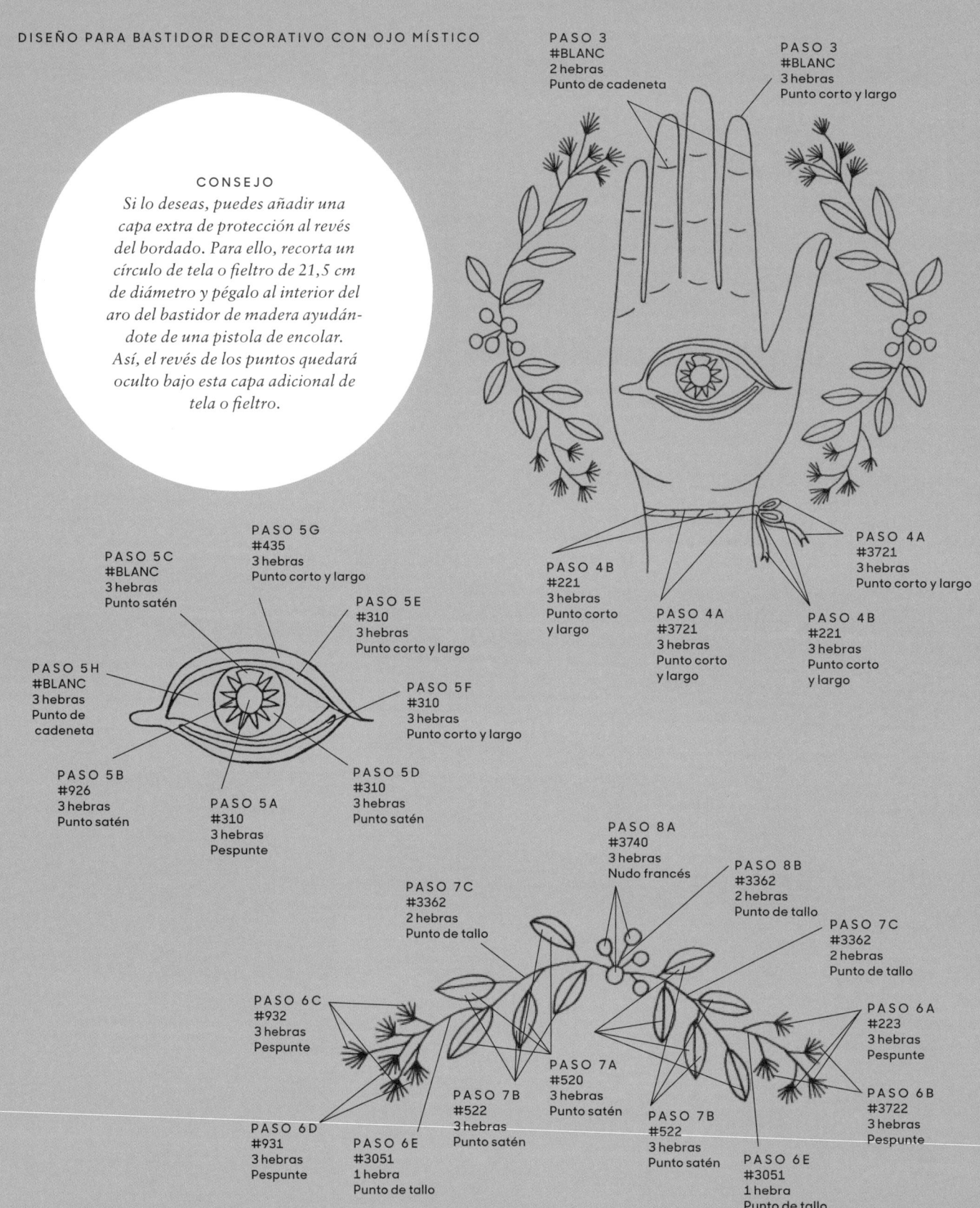

CONSEJO
Si lo deseas, puedes añadir una capa extra de protección al revés del bordado. Para ello, recorta un círculo de tela o fieltro de 21,5 cm de diámetro y pégalo al interior del aro del bastidor de madera ayudándote de una pistola de encolar. Así, el revés de los puntos quedará oculto bajo esta capa adicional de tela o fieltro.

PROYECTOS

INSTRUCCIONES

PASO 1
Sobre una superficie plana, coloca el bastidor de bordar encima del tejido. Con el marcador para tela, haz unas pequeñas marcas alrededor del bastidor, a 3 cm de este, y recorta el tejido siguiendo estas marcas. Debería quedarte un círculo de tejido de unos 26,5 cm de diámetro. Plancha el círculo para eliminar posibles arrugas.

PASO 2
Calca la plantilla en el centro del tejido negro ayudándote de un marcador para tela de color blanco. Una vez dibujada la plantilla, ya puedes colocar el tejido sobre el bastidor, tensarlo y atornillar la tuerca para fijarlo.

PASO 3
Borda el contorno y los detalles de la mano con punto de cadeneta, utilizando dos hebras de color #BLANC.

PASO 4
Borda la cinta de la muñeca.

4A. Borda las diferentes secciones de la cinta tal y como se indica en el dibujo con punto corto y largo, utilizando tres hebras de color #3721 Rosa iridiscente oscuro.

4B. Borda las secciones restantes de la cinta tal como se indica en el dibujo con punto corto y largo, utilizando tres hebras de color #221 Rosa iridiscente muy oscuro.

PASO 5
Borda el ojo místico.

5A. Borda el contorno de la pupila con pespunte, utilizando tres hebras de color #310 Negro.

5B. Borda el iris en forma de estrella con punto satén, utilizando tres hebras de color #926 Verde grisáceo medio.

5C. Borda la sección blanca situada sobre la pupila del ojo con punto satén, utilizando tres hebras de color #BLANC (Blanco).

5D. Borda el área alrededor del iris en forma de estrella con punto satén, utilizando tres hebras de color #310 Negro.

5E. Borda el delineador, resiguiendo su contorno y rellenándolo con punto corto y largo, utilizando tres hebras de color #310 Negro.

5F. Borda los detalles de la parte inferior del ojo, resiguiendo su contorno y rellenándolos con punto corto y largo, utilizando tres hebras de color #310 Negro.

5G. Borda las restantes áreas del ojo con punto corto y largo, utilizando tres hebras de color #435 Marrón muy claro.

5H. Borda el blanco del ojo con punto de cadeneta, utilizando tres hebras de color #BLANC (Blanco).

PASO 6
Borda las flores en forma de abanico.

6A. Borda las tres flores en forma de abanico que aparecen en la parte inferior del diseño (tal y como se indica en la ilustración) con pespunte, utilizando tres hebras de color #223 Rosa iridiscente claro.

6B. Borda las dos flores restantes de la parte inferior del diseño con pespunte, utilizando tres hebras de color #3722 Rosa iridiscente medio.

6C. Borda las tres flores con forma de abanico de la parte superior del diseño (tal y como se indica en la ilustración) con pespunte, utilizando tres hebras de color #932 Azul antiguo claro.

6D. Borda las tres flores con forma de abanico restantes de la parte superior del diseño (tal y como se indica en la ilustración) con pespunte, utilizando tres hebras de color #931 Azul antiguo medio.

6E. Borda los tallos de las flores con forma de abanico con punto de tallo, utilizando una hebra de color #3051 Gris verdoso oscuro.

PASO 7
Borda las hojas.

7A. Borda las medias hojas (tal y como se indica en la ilustración) con punto satén, utilizando tres hebras de color #520 Verde helecho oscuro.

7B. Borda las medias hojas restantes (tal y como se indica en la ilustración) con punto satén, utilizando tres hebras de color #522 Verde helecho.

7C. Borda los tallos de las hojas con punto de tallo, utilizando dos hebras de color #3362 Verde pino oscuro.

PASO 8
Borda las bayas.

8A. Borda los racimos de bayas con nudo francés, utilizando tres hebras de color #3740 Violeta antiguo oscuro. Da dos vueltas de hilo alrededor de la aguja para crear los nudos.

8B. Borda los tallos de las bayas con punto de tallo, utilizando dos hebras de color #3362 Verde pino oscuro.

PASO 9
Repite los pasos 6-8 para crear el bordado floral al otro lado de la mano.

PASO 10
Una vez hayas completado el bordado, utiliza la pistola de encolar para fijar el tejido sobrante al reverso del bastidor. Para ello, pon unas gotas de cola caliente en la madera del reverso del bastidor y fija el tejido presionando con los dedos.

NIVEL DE DIFICULTAD	**PUNTOS DE BORDADO**
FÁCIL	• PUNTO DE HILVÁN *(p. 29)*
TIEMPO	**MATERIALES**
3-4 HORAS	• SANDALIAS DE CUERO TIPO CHANCLA
	HILO DE BORDAR *(MOULINÉ)*
	• DMC #597 TURQUESA
	• DMC #3776 CAOBA CLARO
	• DMC #3808 TURQUESA ULTRAOSCURO
	• DMC #3852 PAJIZO MUY OSCURO
	HERRAMIENTAS
	• TIJERAS DE BORDAR
	• REGLA/CINTA MÉTRICA
	• AGUJA DEL N.º 1
	• CHINCHETA/TACHUELA *(opcional)*

CHANCLAS VERANIEGAS

Este proyecto es el sueño de todos aquellos que aman tanto el bordado que les gustaría ir forrados en él de la cabeza a los pies. Aunque trabajar con un material poco convencional pueda parecer complicado, este proyecto resulta fácil de completar incluso si es la primera vez que coges aguja e hilo.

INSTRUCCIONES

PASO 1
Mide la tira de la chancla para averiguar su anchura (no de lado a lado, sino de arriba abajo). La tira de la mía mide 6 cm de ancho en sentido vertical. Divide esta medida entre 4 y toma nota del resultado, pues determinará las cuatro secciones de color que deberás bordar. Mis cuatro secciones miden 1,5 cm de ancho cada una. No te preocupes si tus secciones no son exactas, esta medida es simplemente una guía de referencia mientras vas bordando; ten a mano la regla, para comprobar la medida conforme avances.

PASO 2
Comenzando por la parte superior de la tira (la parte más cercana a la puntera), comienza a bordar la primera sección de la chancla con punto de hilván, utilizando seis hebras de color #3776 Caoba claro. No es necesario que los puntos de hilván sean completamente uniformes, basta con que sean consistentes y no se toquen entre sí.

PASO 3
Con el mismo punto de hilván que has empleado en el paso 2, borda la segunda sección de la chancla, utilizando seis hebras de color #3852 Pajizo muy oscuro.

PASO 4
Con el mismo punto de hilván que has empleado en el paso 2, borda la tercera sección de la chancla, utilizando seis hebras de color #597 Turquesa.

PASO 5
Con el mismo punto de hilván que has empleado en el paso 2, borda la última sección de la chancla, utilizando seis hebras de color #3808 Turquesa ultraoscuro.

CONSEJO
Si bordar atravesando el cuero (que es más grueso que los tejidos tradicionales) te provoca molestias en las manos, puedes utilizar una tachuela o una chincheta para hacer agujeros por los que pasar la aguja.

CESTA-MACETERO CON POMPONES

Borda un adorable detalle para tus plantas con este diseño de cesta-macetero. Los pompones le añadirán un toque de estilo muy especial.

NIVEL DE DIFICULTAD

FÁCIL

TIEMPO

3 HORAS

PUNTOS DE BORDADO

- PESPUNTE *(p. 30)*

MATERIALES

- HILO DE TEJER DE COLOR NEGRO DE GROSOR ARÁN
- HILO DE TEJER SUPERGRUESO DE COLOR NEGRO
- HILO DE TEJER SUPERGRUESO DE COLOR CREMA
- CESTA-MACETERO DE ALGAS TEJIDAS

HERRAMIENTAS

- POMPONERA DE 4 CM DE DIÁMETRO
- AGUJA DE ACERO PARA TEJIDO DE PUNTO DE 5 CM
- REGLA/CINTA MÉTRICA
- TIJERAS

CONSEJO
Puedes utilizar el punto de estrella para añadir estrellas a la cesta.

INSTRUCCIONES

BORDADO

PASO 1
Utiliza el hilo Arán de color negro y la aguja de acero de 5 cm para bordar la cesta de algas tejidas.

PASO 2
Escoge un punto cerca de la parte inferior de la cesta de algas para bordar la primera X. Crea la primera línea (de unos 4 cm de largo) con pespunte; después, borda la segunda línea de tal manera que intersecte la primera por la mitad para crear una forma de X. Procura que la segunda línea tenga la misma longitud que la primera, es decir, unos 4 cm; ten a mano una regla para comprobarlo a medida que vayas avanzando. Mientras bordas, intenta seguir el trenzado natural de las algas que forman la cesta; si pasas la aguja por el centro de las algas en vez de por los agujeros que se forman de manera natural al trenzarlas, las algas se quebrarán.

PASO 3
Trabajando alrededor de la cesta, crea una hilera de X cerca de la parte inferior de esta. Deja espacio suficiente entre las X para que respiren, y procura que estos espacios sean uniformes.

PASO 4
Borda la segunda hilera de X ligeramente por encima de la primera, escalonándolas para que no queden apiladas justo encima de las de la hilera inferior.

PASO 5
Crea una tercera hilera de X, ligeramente por encima de la segunda hilera, intentando alinear verticalmente las X de esta tercera hilera con las de la hilera inferior.

POMPONES

PASO 6
Haz los pompones de color negro.

6A. Corta una hebra de 20 cm de largo del hilo supergrueso de color negro y resérvala.

6B. Enrolla el hilo negro alrededor de ambos arcos de la pomponera. Cuando hayas terminado, corta los arcos de hilo resultantes con las tijeras.

6C. Con la hebra de 20 cm de hilo de tejer, une los lados de los arcos y átalos. Después, separa las dos mitades de la pomponera y saca el pompón, ya acabado. No cortes los extremos de la hebra que has utilizado para atar el pompón, ya que los necesitarás para incorporarlo a la cesta.

6D. Repite los pasos 6A-6C hasta completar 10 pompones negros. Dependiendo del tamaño de la cesta, necesitarás más o menos pompones.

PASO 7
Haz los pompones de color crema.

7A. Corta una hebra de 20 cm de largo del hilo supergrueso de color crema y resérvala.

7B. Enrolla el hilo de color crema alrededor de ambos arcos de la pomponera. Cuando hayas terminado, corta los arcos de hilo resultantes con las tijeras.

7C. Con la hebra de 20 cm de hilo de tejer, une los lados de los arcos y átalos. Después, separa las dos mitades de la pomponera y saca el pompón, ya acabado. No cortes los extremos de la hebra que has utilizado para atar el pompón, ya que los necesitarás para incorporarlo a la cesta.

7D. Repite los pasos 7A-7C hasta completar 10 pompones de color crema. Dependiendo del tamaño de la cesta, necesitarás más o menos pompones.

PASO 8
Enhebra en la aguja para hilo de tejer una de las hebras largas de uno de los pompones negros. Pasa la aguja y la hebra hacia el reverso de la cesta de paja, en la parte superior de esta. Repite la operación con la otra hebra larga. Una vez hayas pasado ambas hebras a la cara interior de la cesta, átalas con un nudo doble para fijar el pompón al macetero.

PASO 9
Repite el paso 8, alternando el color de los pompones a medida que los incorpores a la cesta.

PROYECTOS 53

NIVEL DE DIFICULTAD

....

AVANZADO

TIEMPO

....

5 HORAS

PUNTOS DE BORDADO
....

- PESPUNTE *(p. 30)*
- PUNTO DE CADENETA *(p. 32)*
- PUNTO CORTO Y LARGO *(p. 31)*
- PUNTO SATÉN *(p. 33)*
- PUNTO DE TALLO *(p. 36)*

MATERIALES
....

- PLANTILLA *(p. 148)*
- *BRALETTE* DE TERCIOPELO

HILO DE BORDAR *(MOULINÉ)*
....

- DMC #729 ORO VIEJO MEDIO
- DMC #739 TOSTADO ULTRACLARO
- DMC #817 ROJO CORAL MUY OSCURO

HERRAMIENTAS
....

- BASTIDOR DE BORDAR DE MADERA DE 7,5 CM DE DIÁMETRO
- TIJERAS DE BORDAR
- MARCADOR PARA TELA O STICKY FABRI-SOLVY
- AGUJA DEL N.º 7

BRALETTE DE TERCIOPELO PARA ENAMORADAS

Tanto si has sido alcanzada por las flechas de Cupido como si estas han pasado de largo, este bralette *es una adorable manera de dar un toque de personalidad a tu armario. Este proyecto es uno de los más difíciles del libro, pero una vez acabado tendrás una pieza que apreciarás tanto en el amor como en el desamor.*

CONSEJOS

Yo he optado por un bralette *de terciopelo, pero uno de satén o de malla también pueden servir. Escoge un tejido que no sea excesivamente elástico para evitar que los puntos den tirones. Haz un prueba tirando del tejido del* bralette *para comprobar su elasticidad. Si es demasiado elástico, tendrás que buscar otro* bralette *para poder bordarlo.*

DISEÑO PARA *BRALETTE* DE TERCIOPELO PARA ENAMORADAS

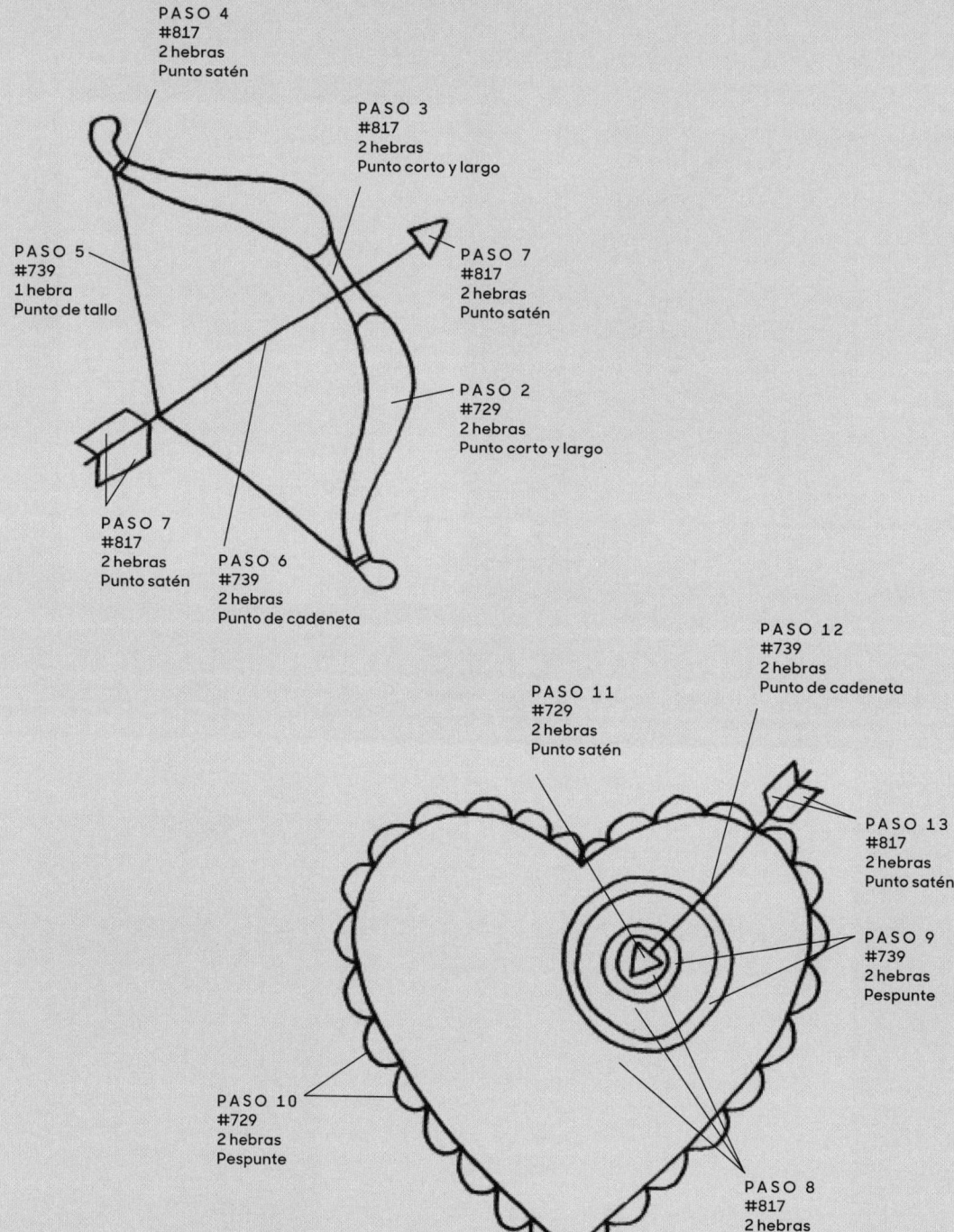

INSTRUCCIONES

PASO 1
Transfiere las plantillas al lado correspondiente del *bralette*. Para ello, he utilizado Sticky Fabri-Solvy (ver p. 23), pero tú puedes calcarlas si te resulta más conveniente. Una vez transferidas las plantillas, puedes montar la copa izquierda del *bralette* en el bastidor y atornillar la tuerca para fijarlo.

ARCO (COPA IZQUIERDA)

PASO 2
Borda la empuñadura del arco con punto corto y largo, utilizando dos hebras de color #729 Oro viejo medio.

PASO 3
Borda la parte central de la empuñadura del arco con punto corto y largo, utilizando dos hebras de color #817 Rojo coral muy oscuro.

PASO 4
Borda los detalles de los extremos de la empuñadura del arco con punto satén, utilizando dos hebras de color #817 Rojo coral muy oscuro.

PASO 5
Borda la cuerda del arco con punto de tallo, utilizando una hebra de color #739 Tostado ultraclaro.

PASO 6
Borda la flecha con punto de cadeneta, utilizando dos hebras de color #739 Tostado ultraclaro.

PASO 7
Borda la punta y las plumas de la flecha con punto de satén, utilizando dos hebras de color #817 Rojo coral muy oscuro.

CORAZÓN (COPA DERECHA)

PASO 8
Borda el interior del corazón con punto corto y largo, utilizando dos hebras de color #817 Rojo coral muy oscuro.

PASO 9
Borda los círculos de la diana con pespunte, utilizando dos hebras de color #739 Tostado ultraclaro.

PASO 10
Borda la puntilla exterior con pespunte, utilizando dos hebras de color #729 Oro viejo medio.

PASO 11
Borda la punta de la flecha con punto satén, utilizando dos hebras de color #729 Oro viejo medio.

PASO 12
Borda la flecha con punto de cadeneta, utilizando dos hebras de color #739 Tostado ultraclaro.

PASO 13
Borda las plumas de la flecha con punto satén, utilizando dos hebras de color #817 Rojo coral muy oscuro.

PASO 14
Una vez completado el bordado, enjuágalo para eliminar el Sticky Fabri-Solvy (en caso de haberlo utilizado) y déjalo secar.

NIVEL DE DIFICULTAD

....

MEDIO

TIEMPO

....

3-4 HORAS

CUADRO CON LAS FASES LUNARES

Con este proyecto minimalista de las fases de la luna podrás crear una pieza intemporal de arte textil para decorar tu hogar. Si eres más aficionado a las lunas azules, cambia la carta de color sustituyendo los tonos amarillos por azules para completar tu proyecto.

PUNTOS DE BORDADO

- CADENETA *(p. 32)*
- PUNTO DE ESTRELLA *(p. 34)*

MATERIALES

- MARCO PARA FOTOGRAFÍAS DE 20 CM DE ANCHO × 25 CM DE LARGO
- PAÑO DE LANA DE COLOR NEGRO
- PLANTILLA *(p. 149)*

HILO DE BORDAR *(MOULINÉ)*

- DMC #BLANC (BLANCO)
- DMC #3820 PAJIZO OSCURO
- DMC #3821 PAJIZO
- DMC #3822 PAJIZO CLARO
- DMC #3852 PAJIZO MUY OSCURO

HERRAMIENTAS

- BASTIDOR DE BORDAR DE 30 CM DE DIÁMETRO
- TIJERAS DE BORDAR
- TIJERAS PARA TELA
- PISTOLA DE ENCOLAR
- AGUJA DEL N.º 7
- MARCADOR PARA TELA DE COLOR BLANCO

DISEÑO PARA CUADRO CON LAS FASES LUNARES

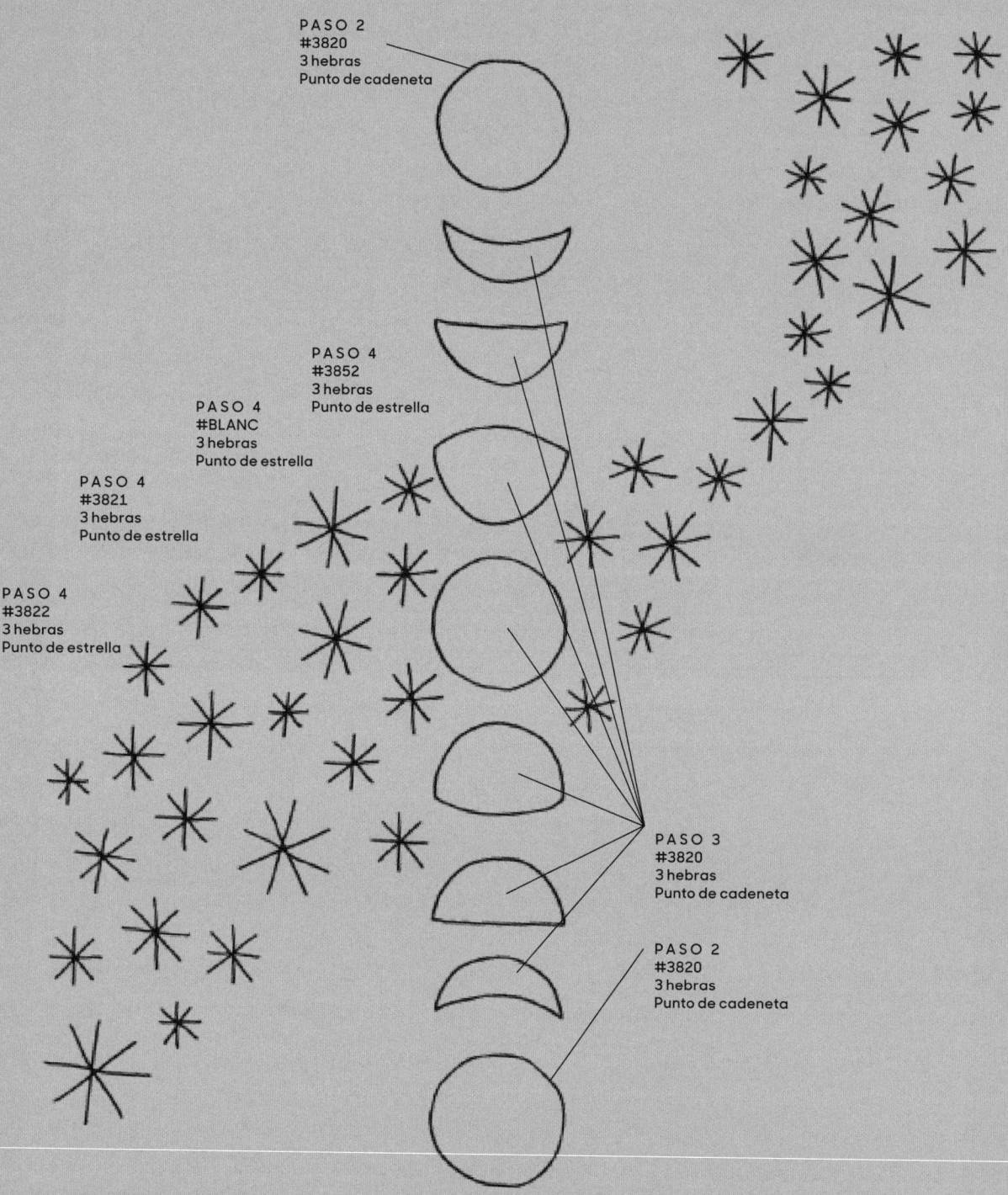

INSTRUCCIONES

PASO 1
Corta el tejido formando un cuadrado de 38 cm de lado y plánchalo para eliminar las arrugas. Coloca la plantilla en el centro de la tela y cálcala utilizando un marcador para tela de color blanco. Una vez calcada, monta el tejido en el bastidor y atornilla la tuerca para fijarlo.

PASO 2
Borda solo el contorno de las fases lunares superior e inferior con punto de cadeneta, utilizando tres hebras de color #3820 Pajizo oscuro. Deja las fases sin rellenar.

PASO 3
Borda las restantes fases lunares con punto de cadeneta, utilizando tres hebras de color #3820 Pajizo oscuro. Borda primero el contorno y rellénalo después con punto de cadeneta.

PASO 4
Borda las estrellas con punto de estrella, utilizando tres hebras de hilo. Para animar visualmente el bordado, utiliza un color diferente para cada estrella de entre los siguientes: #BLANC (Blanco), #3821 Pajizo, #3822 Pajizo claro y #3852 Pajizo muy oscuro, alternándolos para que la combinación de colores resulte más interesante.

PASO 5
Una vez completado el bordado, desmonta la tela del bastidor y plánchala para eliminar cualquier arruga que haya podido causar el aro. Recorta 4 cm a derecha e izquierda del cuadrado de 38 cm de lado, y 6,5 cm de la parte superior e inferior del mismo. Debería quedarte un rectángulo de 25 × 30 cm.

PASO 6
Retira el vidrio del marco para fotos. Coloca el tejido bordado frente ti, con el derecho boca abajo, de tal modo que la parte posterior de los puntos quede boca arriba. Coloca el vidrio de 20 × 25 cm sobre el tejido, de forma que quede centrado sobre este.

PASO 7
Dobla con cuidado la tela alrededor del vidrio y fíjala ayudándote de la pistola de encolar. Si te preocupa que la cola no sea lo suficientemente resistente al paso del tiempo, puedes utilizar cinta de embalar de uso industrial.

PASO 8
Coloca el vidrio, con la tela bordada ya fijada, en el marco para fotos, y sujétalo con el fondo incluido en el marco.

CONSEJO
Si te apasiona el minimalismo, puedes omitir las estrellas de este diseño y crear una pieza artística más depurada solo con las fases lunares.

NIVEL DE DIFICULTAD
....
FÁCIL

TIEMPO
....
2 HORAS

PUNTOS DE BORDADO
....
- PESPUNTE *(p. 30)*

MATERIALES
....
- KIT PARA COLGANTE BASTIDOR CIRCULAR DE 5,75 CM DE DIÁMETRO
- LONA O TELA DE LINO DE COLOR CREMA
- PLANTILLA *(p. 148)*

HILO DE BORDAR *(MOULINÉ)*
....
- DMC #310 NEGRO

HERRAMIENTAS
....
- BASTIDOR DE BORDAR DE 7,5 CM DE DIÁMETRO
- TIJERAS DE BORDAR
- TIJERAS PARA TELA
- PISTOLA DE ENCOLAR
- MARCADOR PARA TELA
- AGUJA DEL N.º 8

PASO 4
#310
1 hebra
Pespunte

PASO 3
#310
1 hebra
Pespunte

COLGANTE BASTIDOR CON ROSA NEGRA

Este colgante, hecho con un bastidor, es un fantástico proyecto para aquellos a quienes les encantan las manualidades y también presumir de sus proyectos allá donde van. Perfecto para principiantes, puedes jugar con tus colores de hilo favoritos o darle un aire clásico con un sencillo hilo negro.

INSTRUCTIONES
....

PASO 1
Sobre una superficie plana, coloca el bastidor de 7,5 cm de diámetro encima del tejido. Yo he utilizado lona de color crema, pero si eres nuevo en el mundo del bordado quizá te resulte más fácil trabajar con un lino o una muselina de color crema. Con el marcador para tela, haz unas pequeñas marcas a 3 cm del aro del bastidor y recorta el tejido siguiéndolas. Debería quedarte un círculo de tela de unos 14 cm de diámetro. Plánchalo para eliminar las arrugas que pueda tener.

PASO 2
Calca la plantilla en el centro del círculo utilizando el marcador para tela. Una vez calcada, ya puedes montar la tela en el bastidor, tensándola, y atornillar la tuerca para fijarla.

PASO 3
Borda la rosa con pespunte, utilizando una hebra de color #310 Negro.

PASO 4
Borda las X alrededor de la rosa con pespunte, utilizando una hebra de color #310 Negro.

CONSEJO

En ocasiones, los bastidores para hacer colgantes pueden encontrarse en las tiendas de manualidades, aunque también puedes comprarlos en tiendas de Etsy (www.Etsy.com) como, por ejemplo, HM Crafters, Burntwood and Acrylic o Dandelyne. Asegúrate de leer las instrucciones incluidas en el kit para familiarizarte con el producto y su montaje.

PASO 5
Cuando hayas completado el bordado, desmonta el tejido del bastidor.

PASO 6
Recorta el tejido alrededor del diseño ya bordado, de tal manera que te quede un círculo de 7,5 cm de diámetro aproximadamente. Recuerda que más adelante te resultará más fácil recortar más tejido; ante la duda, corta un área más ancha de lo que necesites.

PASO 7
Coloca frente a ti el círculo que has recortado, con el derecho boca abajo, de manera que la parte posterior de los puntos quede boca arriba. Coloca el aro interior de madera del kit para colgante bastidor sobre la tela, con el diseño bordado en el centro.

PASO 8
Utilizando la pistola de encolar, comienza a doblar con cuidado el tejido sobre el aro de madera, fijándolo a este con cola. Una vez completado este paso, el diseño bordado debería quedar visible al darle la vuelta al aro.

PASO 9
Coloca la pieza bordada dentro del aro exterior del colgante bastidor. Una vez colocado en la posición correcta, atornilla la tuerca de la parte superior del aro exterior para fijarlo y pega el fondo del kit a su parte posterior.

NIVEL DE DIFICULTAD
....
FÁCIL

TIEMPO
....
3-4 HORAS

PUNTOS DE BORDADO
....
- CADENETA *(p. 32)*

MATERIALES
....
- TRAPO DE COCINA DE ALGODÓN
  (el que yo he utilizado mide 46 × 101,5 cm)
- PLANTILLA *(p. 150)*

HILO DE BORDAR *(MOULINÉ)*
....
- DMC #223 ROSA IRIDISCENTE CLARO
- DMC #500 AZUL VERDOSO MUY OSCURO
- DMC #3820 PAJIZO OSCURO

HERRAMIENTAS
....
- BASTIDOR DE BORDAR DE 20 CM DE DIÁMETRO
- TIJERAS DE BORDAR
- MARCADOR PARA TELA O STICKY FABRI-SOLVY
- AGUJA DEL N.º 3

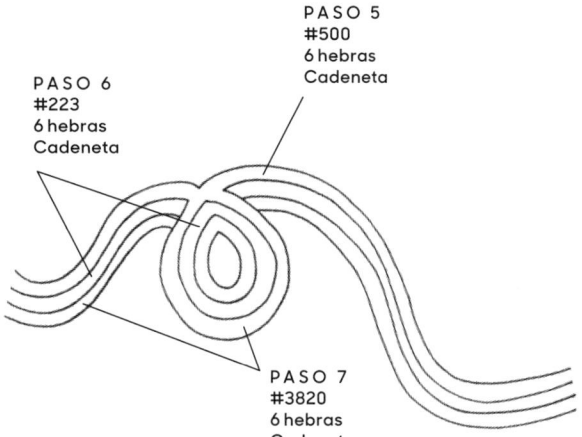

PASO 5
#500
6 hebras
Cadeneta

PASO 6
#223
6 hebras
Cadeneta

PASO 7
#3820
6 hebras
Cadeneta

TRAPO DE COCINA CON ONDA *RETRO*

Ideal para principiantes, este trapo añadirá un toque de color a tu cocina. Puedes completarlo empleando un único tipo de punto; es un proyecto que da el máximo rendimiento con el mínimo esfuerzo.

INSTRUCCIONES
....

PASO 1
Plancha el trapo de cocina para eliminar las arrugas que pueda tener.

PASO 2
Sitúa la plantilla en el centro del trapo a lo ancho del mismo, y decide a qué altura deseas ubicar el diseño. El punto más bajo del mío está a 10 cm del borde inferior del trapo.

PASO 3
Calca la plantilla en el trapo de cocina utilizando el lápiz de marcar. También puedes utilizar Sticky Fabri-Solvy (ver p. 23) para transferir la plantilla si te resulta más conveniente. Una vez transferida la plantilla, prolonga las líneas con el lápiz de marcar hasta que alcancen los bordes laterales del trapo.

PASO 4
Monta el trapo en el bastidor comenzando por su lado izquierdo. El diámetro del bastidor no es suficiente para abarcar todo el diseño, por lo que tendrás que desmontar y volver a montar el trapo a medida que la labor avance de izquierda a derecha.

PASO 5

Borda la línea superior con punto de cadeneta, utilizando seis hebras de color #500 Azul verdoso muy oscuro. Deberías poder completar la línea superior en toda su anchura con cuatro hileras de punto de cadeneta. Monta y desmonta el trapo del bastidor a medida que vayas trabajando de izquierda a derecha, hasta completar esta línea superior.

PASO 6

Borda la línea intermedia con punto de cadeneta, utilizando seis hebras de color #223 Rosa iridiscente claro. Deberías poder completar la línea superior en toda su anchura con tres hileras de punto de cadeneta. Monta y desmonta el trapo del bastidor a medida que vayas trabajando de izquierda a derecha hasta completar esta línea intermedia.

PASO 7

Borda la línea inferior con punto de cadeneta, utilizando seis hebras de color #3820 Pajizo oscuro. Deberías poder completar la línea superior en toda su anchura con tres hileras de punto de cadeneta. Monta y desmonta el trapo del bastidor a medida que vayas trabajando de izquierda a derecha hasta completar esta línea inferior.

PASO 8

Completado el bordado, desmonta el trapo del bastidor, remójalo para eliminar el Sticky Fabri-Solvy (si lo has usado) y déjalo secar. Plánchalo para eliminar las arrugas.

CONSEJO

Este diseño retro es un motivo que puedes adaptar para usarlo en tu sudadera o tu mono vaquero vintage favoritos. Puedes escoger entre rellenar el diseño en su totalidad con punto de cadeneta o crear una versión que solo delinee los contornos del dibujo, sin rellenarlo.

NIVEL DE DIFICULTAD
....
FÁCIL

TIEMPO
....
3-4 HORAS

PUNTOS DE BORDADO
....
- PESPUNTE *(p. 30)*
- PUNTO DE HILVÁN *(p. 29)*

MATERIALES
....
- CAMINO DE MESA DE LINO DE COLOR AZUL MARINO
- PLANTILLA
(thethreadhoney.com/templates)

HILO DE BORDAR *(MOULINÉ)*
....
- DMC #BLANC (BLANCO)

HERRAMIENTAS
....
- BASTIDOR DE BORDAR DE 25 CM DE DIÁMETRO
- TIJERAS DE BORDAR
- MARCADOR PARA TELA
- AGUJA DEL N.º 7

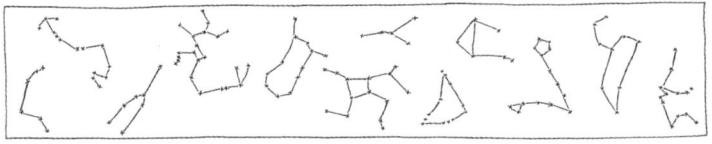

CAMINO DE MESA CON LAS CONSTELACIONES DEL ZODÍACO

Dale un ambiente etéreo a tu próxima cena de invitados con este camino de mesa con las constelaciones del zodíaco. A los comensales les harán chiribitas los ojos mientras cenan con las doce constelaciones y la miríada de estrellas que las rodean. Este camino de mesa tiene tanta magia que incluso puedes utilizarlo como adorno mural para decorar tu hogar.

INSTRUCCIONES

PASO 1
Plancha el camino de mesa para eliminar las arrugas que pudiera tener. El camino que yo he utilizado mide 35,5 × 152,5 cm, pero puedes escoger uno más grande o más pequeño, en función de la longitud de tu mesa. Ayudándote de la plantilla, calca sobre el camino el dibujo de las constelaciones. Cerciórate de dejar espacio entre los 12 diseños de las constelaciones, para que queden distribuidos de manera uniforme a lo largo del camino de mesa.

PASO 2
Borda los diseños de las doce constelaciones con punto de hilván, utilizando dos hebras de color #BLANC (Blanco). Como el bastidor no puede abarcar la totalidad del diseño, tendrás que montar y desmontar el camino a medida que la labor vaya avanzando.

PASO 3
A medida que vayas bordando las constelaciones a lo largo del camino de mesa, ve añadiendo algunas X aquí y allá, algunas sueltas y otras formando cúmulos, a imitación de las estrellas dispersas por el cielo nocturno. Borda las X con pespunte, utilizando dos hebras de color #BLANC (Blanco).

PASO 4
Una vez hayas completado las 12 constelaciones y las pequeñas estrellas, desmonta el camino de mesa del bastidor y plánchalo ligeramente para eliminar las arrugas que hayan podido aparecer.

CONSEJO
Este sencillo diseño de constelaciones puede adaptarse fácilmente para bordarlo en una manta para el sofá de color azul marino. Sigue las mismas instrucciones que en la página anterior, distribuyendo las distintas constelaciones de manera que cubran toda la extensión de la manta.

NIVEL DE DIFICULTAD

....

AVANZADO

TIEMPO

....

6-7 HORAS

ATRAPASUEÑOS CON ECLIPSE ENJAULADO

Atrapa los malos sueños que aparezcan en tu camino con este atrapasueños bordado en bastidor. El paisaje de cielo nocturno y las borlas le confieren, si cabe, un aire aún más de ensueño.

PUNTOS DE BORDADO

- PESPUNTE *(p. 30)*
- PUNTO DE CADENETA *(p. 32)*
- PUNTO SATÉN *(p. 33)*
- PUNTO DE ESTRELLA *(p. 34)*

MATERIALES

- BASTIDOR DE BORDAR DE 20 CM DE DIÁMETRO
- HILO DE TEJER DE GROSOR ARÁN DE COLOR CREMA
- HILO DE TEJER DE GROSOR ARÁN DE COLOR AZUL MARINO
- PAÑO DE LANA AZUL MARINO
- PLANTILLA *(p. 151)*

HILO DE BORDAR *(MOULINÉ)*

- DMC #739 TOSTADO ULTRACLARO
- DMC #3820 PAJIZO OSCURO
- DMC #3821 PAJIZO
- DMC #3852 PAJIZO MUY OSCURO

HERRAMIENTAS

- AGUJA DE ACERO PARA HILO DE TEJER DE 5 CM
- TIJERAS DE BORDAR
- TIJERAS PARA TELA
- PISTOLA DE ENCOLAR
- AGUJA DE BORDAR DEL N.º 7
- MARCADOR PARA TELA DE COLOR BLANCO

CONSEJO

Si no te apetece hacer borlas con el hilo de tejer, también puedes colgar de la parte inferior del atrapasueños unas cintas de color crema y azul marino.

DISEÑO PARA ATRAPASUEÑOS CON ECLIPSE ENJAULADO

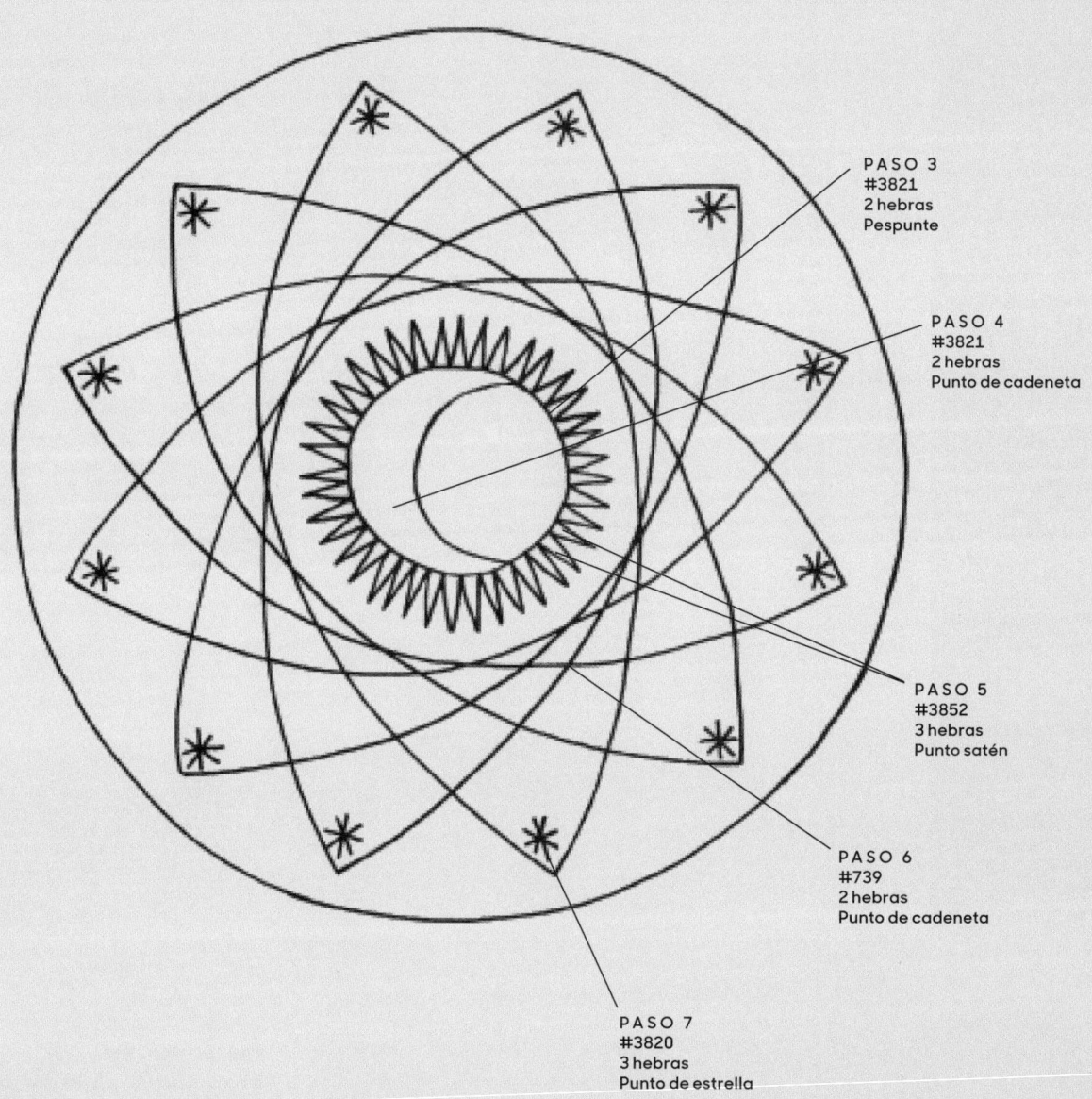

INSTRUCCIONES

BORDADO

PASO 1
Sobre una superficie plana, coloca el bastidor sobre el tejido. Ayudándote de un marcador para tela de color blanco, haz unas marcas alrededor del bastidor, a 3 cm de este, y recorta el tejido siguiéndolas. Debería quedarte un círculo de tela de 26,5 cm de diámetro aproximadamente. Plancha el círculo que has recortado para eliminar las arrugas que pudiera tener.

PASO 2
Calca la plantilla en el centro del tejido azul marino con el marcador de color blanco. Una vez calcada, ya puedes montar la tela en el bastidor, tensándola, y atornillar la tuerca para fijarlo.

PASO 3
Borda el contorno del círculo con pespunte, utilizando dos hebras de color #3821 Pajizo.

PASO 4
Borda el sol con punto de cadeneta, utilizando dos hebras de color #3821 Pajizo. Borda primero el contorno y rellénalo después con punto de cadeneta.

PASO 5
Borda los rayos alrededor del círculo central con punto satén, utilizando tres hebras de color #3852 Pajizo muy oscuro.

PASO 6
Borda el dibujo de la jaula con punto de cadeneta, utilizando dos hebras de color #739 Tostado ultraclaro.

PASO 7
Borda las estrellitas con punto de estrella, utilizando tres hebras de color #3820 Pajizo oscuro.

PASO 8
Una vez completado el bordado, fija el tejido sobrante a la parte posterior del bastidor con una pistola de encolar. Para ello, pon unos toques de cola caliente en la madera del bastidor y adhiere el tejido presionándolo.

PASO 9
Afloja la tuerca de la parte superior del bastidor para sacar el bordado que acabas de terminar. Por un lado tendrás el bordado montado sobre el aro interior del bastidor, y por otro, el aro exterior del mismo, vacío.

BORLAS

PASO 10
10A. Mide y corta 16 hebras de hilo de tejer de color crema de 30,5 cm de longitud cada una. Mide y corta otras dos hebras de hilo de tejer de 25 cm de longitud cada una.

10B. Junta las 16 hebras largas en un haz, alineando sus extremos. Agarra el haz por su punto medio y, con cuidado, dóblalo por la mitad para formar un bucle. Pasa una de las hebras cortas por dentro del bucle y haz un nudo doble apretado en uno de sus extremos para sujetar bien el haz de hebras. No cortes el extremo que ha quedado suelto, pues lo necesitarás para colgar la borla al atrapasueños.

10C. Con la hebra corta, da unas cuantas vueltas alrededor del haz, en sentido horizontal y justo por debajo del bucle. Átala con un nudo doble y corta el hilo sobrante.

PASO 11
Repite el paso 10 hasta obtener cinco borlas de hilo de tejer color crema y cuatro de color azul marino.

PASO 12
Para fijar la primera borla al aro exterior del bastidor, toma una de las borlas de color crema y ata el cabo suelto de su parte superior a la parte inferior del aro, en el centro de la curva, con un nudo doble. Deberían quedar unos 19 cm de hilo colgante entre el aro del bastidor y la parte superior de la borla; este es el punto en que las borlas estarán a más distancia del bastidor. Corta el hilo sobrante.

PASO 13
Añade otra borla de color crema directamente a la derecha de la primera, acortando ligeramente la longitud del hilo de colgar. Después, añade otra borla de color azul marino directamente a la derecha de la anterior, acortando de nuevo ligeramente la longitud del hilo de colgar. Repite el proceso con otra borla azul marino y después con otra borla de color crema.

PASO 14
Añade otra borla de color crema directamente a la izquierda de la borla central, haciendo coincidir su longitud con la de la borla correspondiente en el lado derecho. Añade una borla azul marino a la izquierda, otra borla azul marino y después una borla de color crema, haciendo coincidir sus respectivas longitudes con las de las correspondientes borlas del lado derecho. La secuencia de color de las borlas debería ser crema, azul marino, azul marino, crema, crema, crema, azul marino, azul marino, crema.

PASO 15
Una vez hayas atado todas las borlas, vuelve a insertar el aro con el bordado en el aro exterior del bastidor y atornilla la tuerca para fijarlo.

SOMBRERO DE LANA CON PUESTA DE SOL EN EL DESIERTO

Un sombrero es el accesorio perfecto para tu atuendo. Con este diseño podrás llevar un rayo de sol allá donde vayas. Aunque este sencillo proyecto solo requiere un tipo de punto de bordado (en cuatro colores diferentes de hilo mouliné), todo el mundo se quitará el sombrero ante ti cuando descubran que lo has hecho tú mismo.

CONSEJO
Puedes jugar con este diseño para sombrero dibujando formas diferentes y utilizando punto satén para rellenar el bordado.

NIVEL DE DIFICULTAD
FÁCIL

TIEMPO
2 HORAS

PUNTOS DE BORDADO
- PUNTO SATÉN *(p. 33)*

MATERIALES
- HOJA DE PAPEL RECICLADO
- SOMBRERO DE LANA CON ALA

HILO DE BORDAR *(MOULINÉ)*
- DMC #976 MARRÓN DORADO MEDIO
- DMC #977 MARRÓN DORADO CLARO
- DMC #3328 SALMÓN OSCURO
- DMC #3712 SALMÓN MEDIO

HERRAMIENTAS
- TIJERAS DE BORDAR
- MARCADOR PARA TELA
- LÁPIZ O BOLÍGRAFO
- REGLA/CINTA MÉTRICA
- TIJERAS
- AGUJA DEL N.º 3

INSTRUCCIONES

PASO 1
Utiliza una taza o un pequeño cuenco para trazar un círculo perfecto sobre el papel. Recórtalo con las tijeras, dóblalo por la mitad y córtalo siguiendo el doblez, para obtener así un semicírculo.

PASO 2
Coloca el semicírculo contra el lateral de la copa del sombrero y dibuja su contorno exterior con ayuda del marcador para tela. Utilizando la regla, mide la altura del semicírculo y divídela entre cuatro. Con la medida resultante, y ayudándote de la regla y el marcador para tela, traza unas líneas que atraviesen a lo ancho el semicírculo para dividirlo en cuatro secciones.

PASO 3
Borda la sección inferior del semicírculo con punto satén, utilizando seis hebras de color #3328 Salmón oscuro. Aplana los puntos pasando el dedo suavemente sobre los mismos.

PASO 4
Borda la segunda sección del semicírculo con punto satén, utilizando seis hebras de color #3712 Salmón medio.

PASO 5
Borda la tercera sección del semicírculo con punto satén, utilizando seis hebras de color #976 Marrón dorado medio.

PASO 6
Borda la sección superior del semicírculo con punto satén, utilizando seis hebras de color #977 Marrón dorado claro.

NIVEL DE DIFICULTAD
....
FÁCIL

TIEMPO
....
1 HORA

MATERIALES
....
• ARETES

HILO DE BORDAR *(MOULINÉ)*
....
• DMC #224 ROSA IRIDISCENTE MUY CLARO
• DMC #930 AZUL ANTIGUO OSCURO
• DMC #3826 MARRÓN DORADO

HERRAMIENTAS
....
• TIJERAS DE BORDAR
• COLA MULTIUSOS

ARETES FORRADOS CON HILO DE COLORES

Para dar vida a estos bonitos pendientes no tendrás que dar ni una puntada. Estos aretes de colores son tan sencillos de hacer que sentirás la tentación de crear un par diferente para combinar con cada uno de tus estilismos.

INSTRUCCIONES

PASO 1
A diferencia de otros proyectos en los que hemos cortado el hilo antes de comenzar a bordar, en este caso es mejor dejarlo sin cortar, ya que utilizaremos las hebras para envolverlas alrededor de los aretes.

PASO 2
Saca un hebra de cada una de las madejas, pasándolas entre los dedos para eliminar cualquier pliegue que puedan presentar. Pon una pequeña cantidad de cola multiusos en el extremo de uno de los aretes, y sumerge los extremos de las tres hebras en la cola, aplanándolas con los dedos y apretando para fijarlas.

PASO 3
Toma la hebra de color #930 Azul antiguo oscuro en una mano y con la otra sujeta el arete y las hebras de los otros dos colores (#224 Rosa iridiscente muy claro y #3826 Marrón dorado). Comienza a envolver la hebra de #930 Azul antiguo oscuro alrededor del arete y de las otras dos hebras. Al envolverlo, el hilo no solo cubrirá el arete sino que ocultará los otros dos colores. Trabaja poco a poco, alisando el hilo a medida que avanzas y tensando bien las vueltas para que no queden huecos.

PASO 4
Continúa envolviendo el hilo de color #930 Azul antiguo oscuro hasta que llegues al punto medio del arete, donde cambiarás al siguiente color con el que quieras seguir.

PASO 5
Sustituye el hilo que sujetabas en la mano por el de color #3826 Marrón dorado; con la otra mano, sujeta el arete y las otras dos hebras. Repite el mismo proceso del paso 3, envolviendo el hilo de color alrededor tanto del arete como de los otros dos hilos. Sigue envolviendo el arete con el hilo hasta que queden cubiertas las tres cuartas partes de este.

PASO 6
Cambia el hilo que sujetas en la mano por el de color #224 Rosa iridiscente muy claro; con la otra mano, sujeta el arete y los otros dos hilos. Repite el mismo proceso que en el paso 3, enrollando el hilo de color #224 Rosa iridiscente muy claro alrededor del arete y de los otros dos hilos.

PASO 7
Cuando estés cerca del extremo final del arete, corta los hilos de color #930 y #3826. Continúa envolviendo el de color #224 alrededor del arete, para que los extremos de los otros dos colores queden bien fijos y ocultos bajo él.

PASO 8
Pon un poco de cola en el extremo final del arete. Corta el extremo del hilo de color #224 y sigue enrollándolo alrededor del arete; después, sumerge el extremo en la cola y alísalo con los dedos. Fíjalo pasando el dedo con suavidad por encima un par de veces.

PASO 9
Repite los pasos 2 a 8 para crear el otro arete a juego.

CONSEJO
Acuérdate de alisar muy bien el hilo de bordar antes de envolver con él los aretes. Mantener el hilo sin arrugas te garantizará unos pendientes lo más impecables posible.

NIVEL DE DIFICULTAD
....
MEDIO

TIEMPO
....
2-3 HORAS

PUNTOS DE BORDADO
....

- PESPUNTE *(p. 30)*
- PUNTO DE ESCAPULARIO EN ESCALERA

MATERIALES
....

- PANTALONES VAQUEROS

HILO DE BORDAR *(MOULINÉ)*
....

- DMC #817 ROJO CORAL MUY OSCURO
- DMC #3608 CIRUELA MUY CLARO

HERRAMIENTAS
....

- BASTIDOR DE BORDAR DE 10 CM DE DIÁMETRO
- TIJERAS DE BORDAR
- MARCADOR PARA TELA
- REGLA/CINTA MÉTRICA
- AGUJA DEL N.º 3

VAQUEROS CON BORDADO DE PUNTO DE ESCAPULARIO EN ESCALERA

En este proyecto aprenderás un punto de bordado completamente nuevo: el punto de escapulario en escalera. Aunque a primera vista parezca muy complicado, una vez conozcas los pasos te darás cuenta de que es coser y cantar, incluso para los recién llegados al mundo del bordado.

CONSEJO
Intenta utilizar unos vaqueros que no sean excesivamente elásticos; esto ayudará a proteger el bordado del paso del tiempo.

DISEÑO PARA VAQUEROS CON BORDADO DE PUNTO DE ESCAPULARIO EN ESCALERA

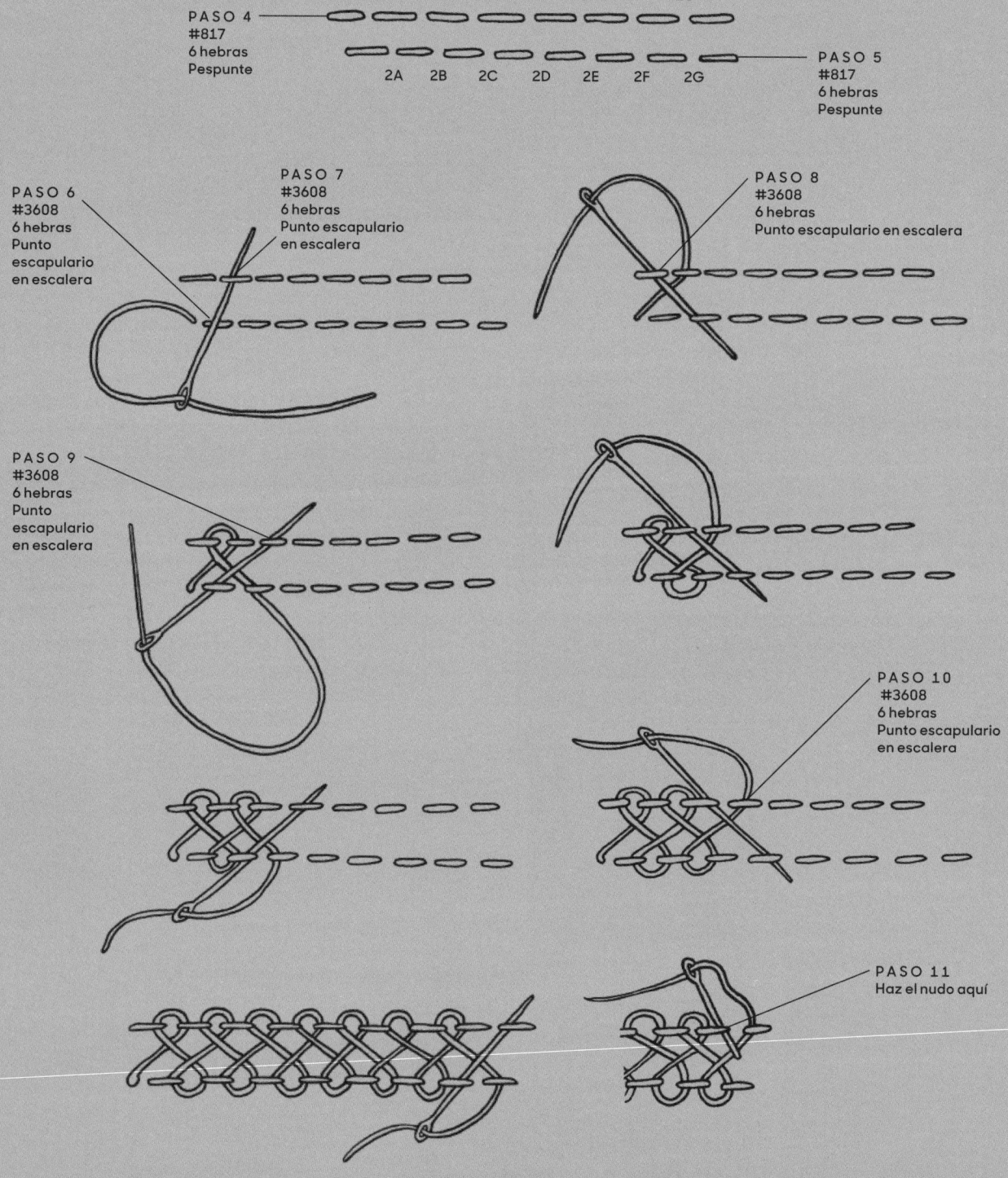

INSTRUCCIONES

PASO 1
Coloca los vaqueros sobre una superficie plana, de tal manera que la costura exterior de la pernera quede boca arriba. Partiendo de la costura, mide 0,6 cm hacia la izquierda y haz una marca con el marcador para tela. Después, mide 0,6 cm partiendo de la costura y hacia la derecha, y márcalos. La distancia total entre ambas marcas será así de 1,2 cm. Ve bajando por la costura, midiendo 0,6 cm a derecha e izquierda de la misma, y marcando con el marcador para tela.

PASO 2
Con la ayuda de la regla y el marcador, dibuja dos líneas a ambos lados de la costura. Dibuja primero una línea vertical que conecte todas las marcas a la izquierda de la costura. Después, repite el proceso al otro lado, trazando una línea vertical que conecte todas las marcas situadas a la derecha de la costura. La distancia total entre ambas líneas debería ser de 1,2 cm.

PASO 3
Introduce el bastidor en la pernera del vaquero, a la altura del extremo superior de las líneas que has dibujado en el paso 2. Monta la tela en el bastidor y atornilla la tuerca para fijarlo. Debido a la longitud de la pernera, deberás reposicionar el bastidor a medida que avances.

PASO 4
Borda la primera línea con pespuntes, utilizando seis hebras de color #817 Rojo coral muy oscuro; la llamaremos línea 1. Al espacio en que cada puntada se encuentra con la siguiente lo llamaremos 1A, 1B, 1C, y así sucesivamente.

PASO 5
Borda la segunda línea con pespuntes, utilizando seis hebras de color #817 Rojo coral muy oscuro. En esta línea, a la que llamaremos 2, escalonaremos las puntadas, de manera que en lugar de quedar alineadas con las de la línea 1, los extremos de las puntadas de la línea 2 vayan a caer en el punto medio de las puntadas de la línea 1. Al espacio en que cada puntada se encuentra con la siguiente lo llamaremos 2A, 2B, 2C, y así sucesivamente.

PASO 6
Ahora vamos a crear el punto de escapulario en escalera. Para ello, posicionaremos el bastidor en el extremo izquierdo de las líneas, de modo que estas discurran en sentido horizontal. La línea 1 quedará en la parte superior, y la línea 2, en la inferior. Sustituiremos el hilo por seis hebras del color #3608 Ciruela muy claro. Comenzando por el extremo izquierdo de la línea 2, pasaremos la aguja desde el envés del bastidor hacia el derecho del tejido, justo por encima del final de la línea 2.

PASO 7
Pasa la aguja por debajo de la segunda puntada de la línea 1 y tira de ella para hacer pasar el hilo.

PASO 8
Voltea la aguja y pásala por debajo de la primera puntada de la línea 1, después por encima de esta y luego por debajo de la segunda puntada de la línea 2, de modo que el hilo quede envuelto alrededor del punto 1A, formando un bucle. Tira del hilo para hacerlo pasar por donde ha pasado la aguja.

PASO 9
Voltea la aguja y pásala por debajo de la primera puntada de la línea 2 en dirección al lado contrario; después, pásala por debajo de la tercera puntada de la línea 1, de manera que el hilo quede envuelto alrededor del punto 2A, formando un bucle. Tira de hilo para hacerlo pasar por donde ha pasado la aguja.

PASO 10
Continúa bordando según este método, siguiendo la misma secuencia (envolviendo el hilo alrededor de 1B, 2B, 1C, 2C, y así sucesivamente) para crear el punto de escapulario en escalera. Vuelve a posicionar el bastidor a lo largo de la pernera a medida que avances, trabajando en los puntos de escapulario del área delimitada por el bastidor.

PASO 11
Puede que te resulte confuso decidir en qué paso del punto de escapulario debes detenerte si se te acaba el hilo y necesitas sustituirlo por una nueva hebra. El nudo debe hacerse después de pasar la aguja por debajo de una de las puntadas, pero antes de pasarlo por debajo de la siguiente y tirar del hilo, como harías normalmente. En ese punto puedes comenzar con un nuevo cabo de hilo *mouliné*, volteándolo sobre sí mismo como harías al bordar punto de escapulario en escalera.

PASO 12
Repite los pasos 1-11 para bordar la otra pernera.

NIVEL DE DIFICULTAD

....

MEDIO

TIEMPO

....

2-3 HORAS

PUNTOS DE BORDADO
....

- PUNTO DE CADENETA *(p. 32)*
- PUNTO DE ESTRELLA *(p. 34)*

MATERIALES
....

- CAMISA
- PLANTILLA *(p. 152)*

HILO DE BORDAR *(MOULINÉ)*
....

- DMC #729 ORO VIEJO MEDIO

HERRAMIENTAS
....

- BASTIDOR DE BORDAR DE 17,85 CM DE DIÁMETRO
- TIJERAS DE BORDAR
- MARCADOR PARA TELA O STICKY FABRI-SOLVY
- AGUJA DEL N.º 8

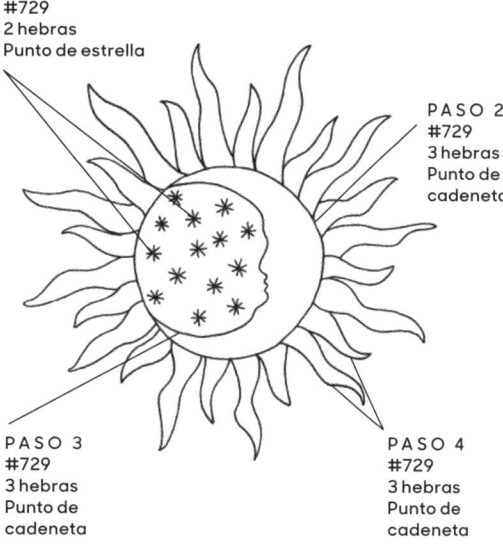

PASO 5
#729
2 hebras
Punto de estrella

PASO 2
#729
3 hebras
Punto de cadeneta

PASO 3
#729
3 hebras
Punto de cadeneta

PASO 4
#729
3 hebras
Punto de cadeneta

CAMISA PARA VAGABUNDOS CÓSMICOS

Incorpora el cosmos a tu guardarropa con este diseño basado en el sol, la luna y las estrellas.

INSTRUCCIONES
....

PASO 1
Con el marcador para tela, calca la plantilla en la sección superior derecha de la camisa. También puedes utilizar Sticky Fabri-Solvi (ver p. 23) para transferir la plantilla si te resulta más conveniente. Una vez calcada, monta el área que vas a bordar en el bastidor, tensándola, y aprieta la tuerca para fijar el aro.

PASO 2
Borda el contorno del círculo con punto de cadeneta, utilizando tres hebras de color #729 Oro viejo medio.

PASO 3
Borda el contorno de la cara de la luna con punto de cadeneta, utilizando tres hebras de color #729 Oro viejo medio.

PASO 4
Borda el contorno de los rayos del sol con punto de cadeneta, utilizando tres hebras de color #729 Oro viejo medio.

PASO 5
Borda las estrellas con punto de estrella, utilizando dos hebras de color #729 Oro viejo medio.

PASO 6
Cuando hayas completado el bordado, desmonta la camisa del bastidor y plancha ligeramente el área del bordado para eliminar las posibles arrugas.

PASO 7
Remójala para eliminar el Sticky Fabri-Solvy (en caso de haberlo utilizado) y déjala secar.

CONSEJO
Para añadir complejidad a este diseño, sustituye el color #729 Oro viejo medio por #310 Negro. Sigue las instrucciones para bordarlo, y después rellena los diferentes elementos del diseño con punto satén en tus tonos favoritos de hilo mouliné.

NIVEL DE DIFICULTAD
....
FÁCIL

TIEMPO
....
1-2 HORAS

CESTA DE LA COMPRA CON BORLAS DE COLORES

Allá donde vayas, lleva contigo un toque de primavera con esta colorida cesta para la compra. Las borlas de tonos turquesa, amarillo y rosa son la clave para dar vida a esta sencilla cesta de paja.

MATERIALES

- CESTA PARA LA COMPRA DE PAJA

HILO DE BORDAR *(MOULINÉ)*

(4 MADEJAS DE CADA COLOR)
- DMC #728 TOPACIO
- DMC #818 ROSA BEBÉ
- DMC #977 MARRÓN DORADO CLARO
- DMC #3809 TURQUESA MUY OSCURO
- DMC #3811 TURQUESA MUY CLARO

HERRAMIENTAS

- TIJERAS DE BORDAR
- AGUJA DEL N.º 3

DISEÑO PARA CESTA DE LA COMPRA CON BORLAS DE COLORES

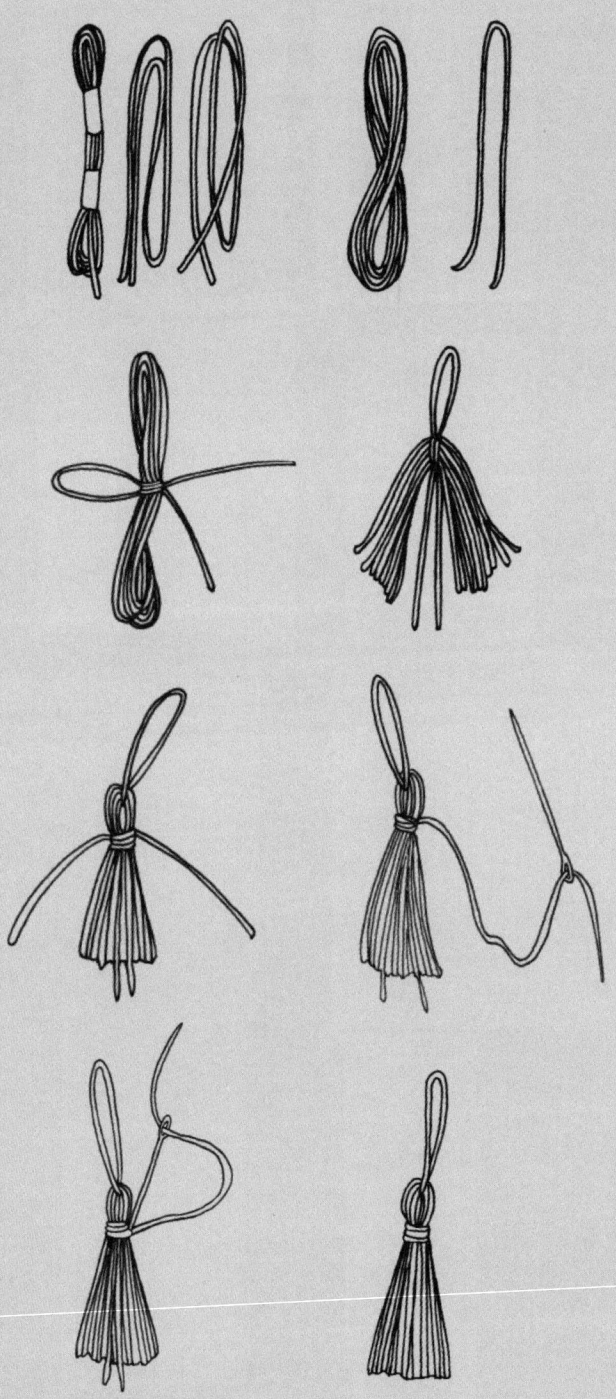

84   PROYECTOS

INSTRUCCIONES

BORLAS

PASO 1
Vamos a utilizar una madeja para cada borla, para un total de tres borlas por color. Saca la primera madeja de su envoltorio y corta dos cabos de hilo *mouliné*, uno de 15 cm de largo y otro de 25 cm.

PASO 2
Ata firmemente el cabo de 15 cm de largo alrededor de la parte central de la madeja y fíjalo con un nudo doble. No cortes el hilo sobrante, ya que lo necesitarás para atar la borla a la cesta más adelante. Dobla la madeja por la mitad a la altura del nudo.

PASO 3
Corta los bucles de los extremos de la madeja doblada, de tal manera que puedas pasar los dedos entre las hebras sin dificultad.

PASO 4
Con el cabo largo, de 25 cm, haz un doble nudo alrededor de la madeja doblada, a unos 2 cm de la parte superior de esta.

PASO 5
Enhebra en la aguja uno de los dos extremos del nudo que acabas de hacer. Da dos vueltas con el cabo alrededor de la borla para crear la apariencia de una banda gruesa. Después, pasa la aguja por detrás de las vueltas de hilo que acabas de dar y tira del hilo para que quede disimulado entre los demás cabos de la borla. Repite este proceso con el otro cabo del nudo.

PASO 6
Recorta el extremo inferior de los cabos de la borla para darles una longitud uniforme.

PASO 7
Una vez completada la borla, enhebra la aguja con uno de los cabos que han quedado en el extremo superior de esta y pásalo por uno de los agujeros del tejido de paja de la cesta. Repite el proceso con el otro cabo de la parte superior de la borla.

PASO 8
Ata ambos cabos entre sí con un nudo doble para fijarlos a la cesta.

PASO 9
Repite los pasos 1 a 8 con otras 14 madejas de hilo *mouliné* hasta completar tres borlas de cada color. Disponlas a lo largo del borde superior de la cesta, repitiendo la secuencia siguiente: #3811 Turquesa muy claro, #728 Topacio, #818 Rosa bebé, #3809 Turquesa muy oscuro y #977 Marrón dorado claro.

BORDADO

PASO 10
Escoge dos tiras de paja adyacentes en la cesta. Haz un nudo doble en un extremo de seis hebras de hilo de color #818 Rosa bebé. Comenzando desde el interior de la cesta, pasa la aguja hacia el exterior de esta de tal manera que quede junto a una de las dos tiras que hayas elegido. Ayudándote de la aguja, comienza a envolver el hilo alrededor de una de las tiras de paja, hasta que quede completamente envuelta y la paja no sea visible. Da una última vuelta de hilo y pasa la aguja hacia el interior de la cesta. Fija el hilo con un nudo doble.

PASO 11
Haz un nudo doble con seis hebras de color #818 Rosa bebé y envuélvelas alrededor de la segunda tira de paja que hayas elegido siguiendo la misma técnica que en el paso 10.

PASO 12
Repite los pasos 10 y 11 con los colores #728 Topacio, #977 Marrón dorado claro, #3908 Turquesa muy oscuro y #3811 Turquesa muy claro. Escoge las tiras de paja que vas a envolver con el hilo en puntos esporádicos de la cesta, de manera que el bordado de color aparezca de manera intermitente. Puedes envolver con hilo de color tantas tiras de paja como desees.

CONSEJO
Si quieres añadir aún más color a la cesta, puedes envolver las asas con hilo de bordar, siguiendo las instrucciones para los aretes de colores de la p. 74.

NIVEL DE DIFICULTAD
....
MEDIO

TIEMPO
....
7-8 HORAS

BASTIDOR ARTÍSTICO CON PAISAJE DESÉRTICO

Dale a tu hogar un toque salvaje con este bastidor artístico inspirado en los paisajes del lejano Oeste. Esta pieza artística de temática naturalista será una fantástica incorporación a tu colección de arte textil.

PUNTOS DE BORDADO

- PESPUNTE *(p. 30)*
- PUNTO SATÉN *(p. 33)*
- PUNTO CORTO Y LARGO *(p. 31)*

MATERIALES

- BASTIDOR DE BORDAR DE 15 CM DE DIÁMETRO
- LONA O TELA DE LINO DE COLOR CREMA
- PLANTILLA *(p. 153)*

HILO DE BORDAR *(MOULINÉ)*

- DMC #471 VERDE AGUACATE MUY CLARO
- DMC #520 VERDE HELECHO OSCURO
- DMC #918 ROJO COBRIZO OSCURO
- DMC #919 ROJO COBRIZO
- DMC #920 COBRE MEDIO
- DMC #921 COBRE
- DMC #934 VERDE AGUACATE NEGRO
- DMC #976 MARRÓN DORADO MEDIO
- DMC #987 VERDE BOSQUE OSCURO
- DMC #3345 VERDE CAZADOR OSCURO
- DMC #3347 VERDE AMARILLENTO MEDIO
- DMC #3777 TERRACOTA MUY OSCURO
- DMC #3826 MARRÓN DORADO

HERRAMIENTAS

- TIJERAS DE BORDAR
- TIJERAS PARA TELA
- PISTOLA DE ENCOLAR
- MARCADOR PARA TELA
- AGUJA DEL N.º 3
- AGUJA DEL N.º 7

DISEÑO PARA BASTIDOR ARTÍSTICO CON PAISAJE DESÉRTICO

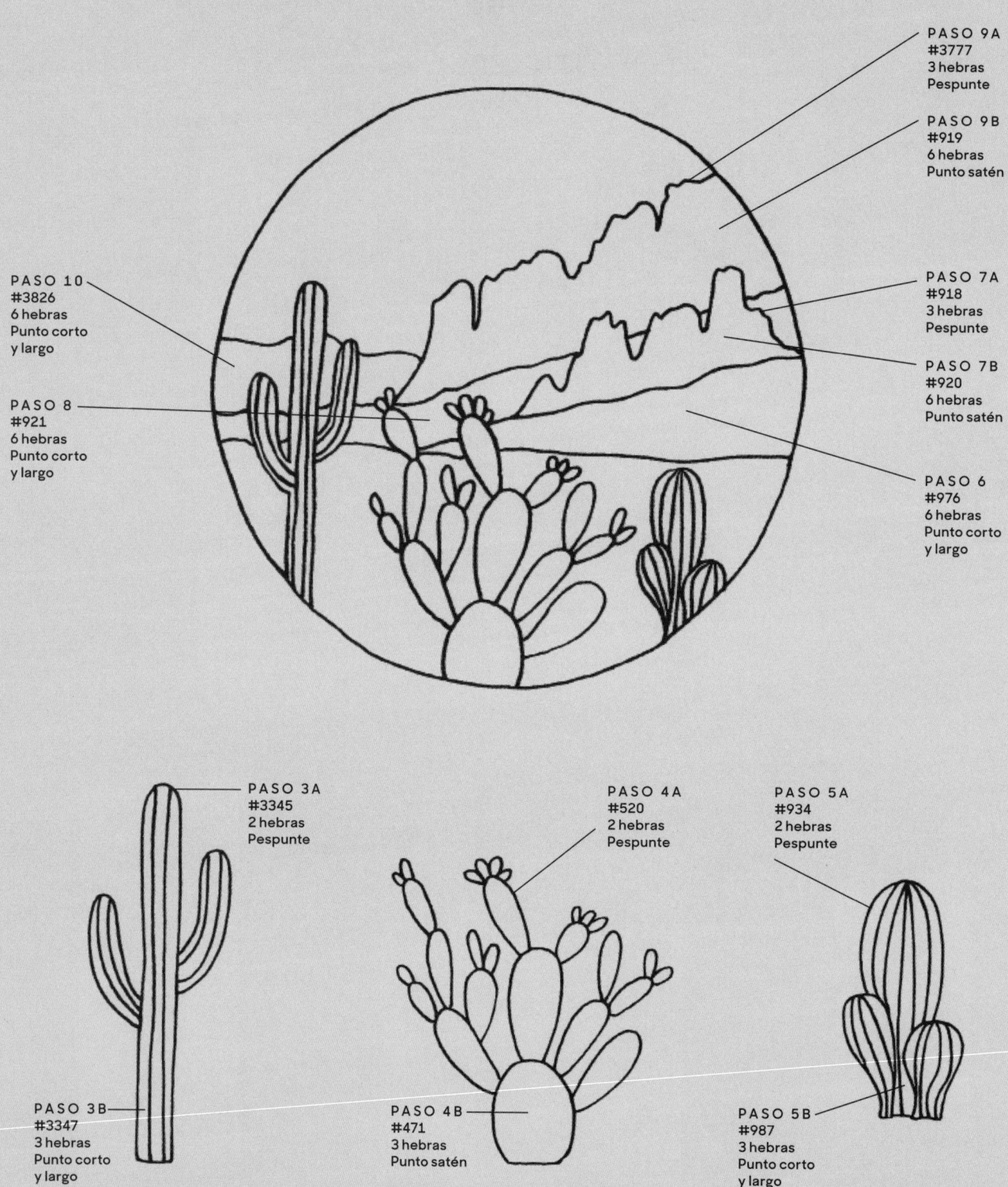

INSTRUCCIONES

PASO 1
En una superficie plana, coloca el bastidor sobre el tejido. Yo he optado por utilizar una lona de color crema, pero si eres nuevo en el mundo del bordado puede que te resulte más fácil trabajar con una tela de lino o de calicó de color crema. Con el marcador para tela, haz unas pequeñas marcas alrededor del bastidor, a 3 cm de este, y recorta el tejido siguiendo estas marcas. Debería quedarte un círculo de tela de unos 21,5 cm de diámetro. Plancha el círculo que has cortado para eliminar posibles arrugas.

PASO 2
Calca la plantilla en el centro del círculo de tela utilizando un marcador para tela. Una vez calcada la plantilla, puedes montar el tejido en el bastidor, tensándolo, y atornillar la tuerca para fijarlo.

PASO 3
Borda el cactus de la izquierda.

3A. Delinea el cactus de la izquierda con pespunte, utilizando dos hebras de color #3345 Verde cazador oscuro.

3B. Rellena el cactus con punto corto y largo, utilizando tres hebras de color #3347 Verde amarillento medio.

PASO 4
Borda el cactus central.

4A. Delinea el cactus central con pespunte, utilizando dos hebras de color #520 Verde helecho oscuro.

4B. Rellena el cactus con punto satén, utilizando tres hebras de color #471 Verde aguacate muy claro.

PASO 5
Borda el cactus de la derecha.

5A. Delinea el cactus de la derecha con pespunte, utilizando dos hebras de color #934 Verde aguacate negro.

5B. Rellena el cactus con punto corto y largo, utilizando tres hebras de color #987 Verde bosque oscuro.

PASO 6
Borda la colina inferior con punto corto y largo, utilizando seis hebras de color #976 Marrón dorado medio.

PASO 7
Borda el cerro inferior.

7A. Delinea el cerro inferior con pespunte, utilizando tres hebras de color #918 Rojo cobrizo oscuro.

7B. Rellena el cerro con punto satén, utilizando seis hebras de color #920 Cobre medio.

PASO 8
Borda la colina intermedia con punto corto y largo, utilizando seis hebras de color #921 Cobre.

PASO 9
Borda el cerro superior.

9A. Delinea el cerro superior con pespunte, utilizando tres hebras de color #3777 Terracota muy oscuro.

9B. Rellena el cerro con punto satén, utilizando seis hebras de color #919 Rojo cobre.

PASO 10
Borda la colina superior con punto corto y largo, utilizando seis hebras de color #3826 Marrón dorado.

CONSEJO
Puedes añadir carácter a tu diseño rellenando la parte superior, la inferior o ambas con punto satén en el color que desees.

VESTIDO DE LINO CON ESTRELLAS FUGACES

Crea una pieza celestial para colgar en tu armario con este proyecto, perfecto para principiantes del bordado. Te sentirás como una estrella fugaz cada vez que te pongas tu vestido bordado a mano.

NIVEL DE DIFICULTAD

....

FÁCIL

TIEMPO

....

2 HORAS

PUNTOS DE BORDADO

- PESPUNTE *(p. 30)*
- PUNTO DE ESTRELLA *(p. 34)*

MATERIALES

- VESTIDO DE LINO
- PLANTILLA *(p. 154)*

HILO DE BORDAR *(MOULINÉ)*

- DMC #151 ROSA EMPOLVADO MUY CLARO
- DMC #223 ROSA IRIDISCENTE CLARO
- DMC #739 TOSTADO ULTRACLARO
- DMC #760 SALMÓN
- DMC #761 SALMÓN CLARO
- DMC #961 ROSA EMPOLVADO OSCURO
- DMC #3354 ROSA EMPOLVADO CLARO
- DMC #3722 ROSA IRIDISCENTE MEDIO

HERRAMIENTAS

- BASTIDOR DE BORDAR DE MADERA DE 20 CM DE DIÁMETRO
- TIJERAS DE BORDAR
- MARCADOR PARA TELA O STICKY FABRI-SOLVY
- AGUJA DEL N.º 7

CONSEJOS

Si la gama de tonos rosas que hemos utilizado en este ejemplo no te apasionan siempre puedes sustituirla por tonalidades azules, púrpura, naranja o de cualquier color que te guste.

DISEÑO PARA VESTIDO DE LINO CON ESTRELLAS FUGACES

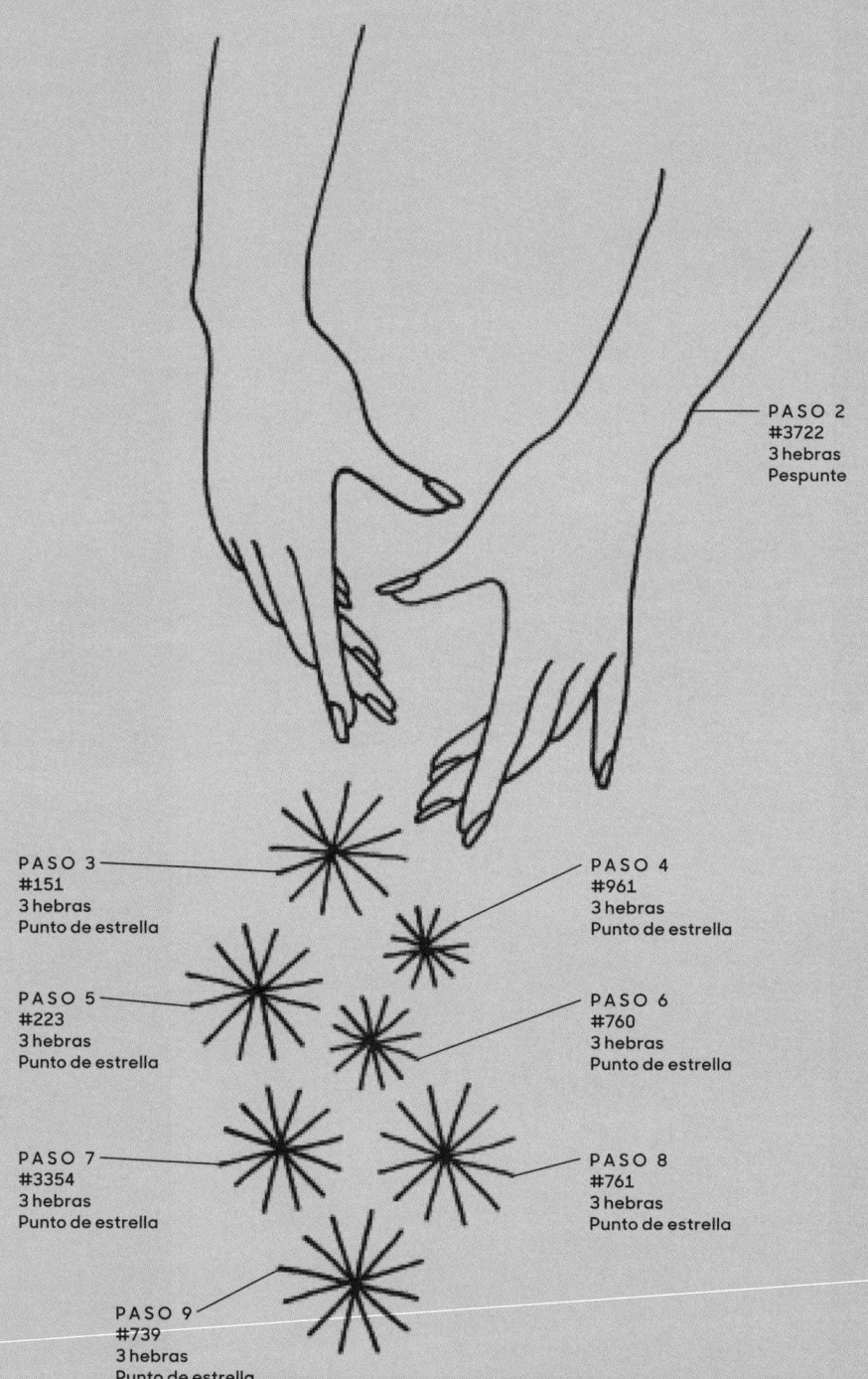

92 PROYECTOS

INSTRUCCIONES

PASO 1
Con el marcador para tela, calca la plantilla en la sección superior derecha del vestido. También puedes utilizar Sticky Fabri-Solvi (ver p. 23) para transferir la plantilla si te resulta más conveniente. Una vez calcada, monta el área a bordar en el bastidor, tensándola, y aprieta la tuerca para fijar el bastidor.

PASO 2
Borda el contorno de las manos con pespunte, utilizando tres hebras de color #3722 Rosa iridiscente medio.

PASO 3
Borda la estrella superior con punto de estrella, utilizando tres hebras de color #151 Rosa empolvado muy claro.

PASO 4
Borda la segunda estrella con punto de estrella, utilizando tres hebras de color #961 Rosa empolvado oscuro.

PASO 5
Borda la tercera estrella con punto de estrella, utilizando tres hebras de color #223 Rosa iridiscente claro.

PASO 6
Borda la cuarta estrella con punto de estrella, utilizando tres hebras de color #760 Salmón.

PASO 7
Borda la quinta estrella con punto de estrella, utilizando tres hebras de color #3354 Rosa empolvado claro.

PASO 8
Borda la sexta estrella con punto de estrella, utilizando tres hebras de color #761 Salmón claro.

PASO 9
Borda la séptima estrella (situada abajo del todo) con punto de estrella, utilizando tres hebras de color #739 Tostado ultraclaro.

PASO 10
Cuando hayas completado el bordado, desmonta el vestido del bastidor y plancha ligeramente el área del bordado para eliminar las posibles arrugas.

PASO 11
Una vez completado el bordado, remójalo para eliminar el Sticky Fabri-Solvy, en caso de haberlo utilizado, y déjalo secar.

COJÍN CON BORDADO FLORAL

Este proyecto de cojín con bordado floral no es apto para cardíacos. A a pesar de que hay que dedicarle mucho tiempo, una vez lo hayas terminado tendrás una pieza espectacular que te durará toda la vida.

NIVEL DE DIFICULTAD

AVANZADO

TIEMPO

12-15 HORAS

PUNTOS DE BORDADO

- PESPUNTE *(p. 30)*
- NUDO FRANCÉS *(p. 37)*
- PUNTO ESPINA DE PESCADO *(p. 35)*
- PUNTO CORTO Y LARGO *(p. 31)*
- PUNTO SATÉN *(p. 33)*
- PUNTO DE TALLO *(p. 36)*

MATERIALES

- FUNDA DE COJÍN DE LINO DE 50 × 50 CM
- PLANTILLA *(thethreadhoney.com/templates)*

HILO DE BORDAR *(MOULINÉ)*

- DMC #BLANC (BLANCO)
- DMC #223 ROSA IRIDISCENTE CLARO
- DMC #500 AZUL VERDOSO MUY OSCURO
- DMC #520 VERDE HELECHO OSCURO
- DMC #918 ROJO COBRIZO OSCURO
- DMC #931 AZUL ANTIGUO MEDIO
- DMC #936 VERDE AGUACATE MUY OSCURO
- DMC #976 MARRÓN DORADO MEDIO
- DMC #3041 VIOLETA ANTIGUO MEDIO
- DMC #3051 GRIS VERDOSO OSCURO
- DMC #3052 GRIS VERDOSO MEDIO
- DMC #3362 VERDE PINO OSCURO
- DMC #3721 ROSA IRIDISCENTE OSCURO
- DMC #3750 AZUL ANTIGUO MUY OSCURO
- DMC #3852 PAJIZO MUY OSCURO

HERRAMIENTAS

- BASTIDOR DE BORDAR DE MADERA DE 25 CM DE DIÁMETRO
- TIJERAS DE BORDAR
- MARCADOR PARA TELA STICKY FABRI-SOLVY
- AGUJA DEL N.º 3
- AGUJA DEL N.º 7

DISEÑO PARA COJÍN CON BORDADO FLORAL

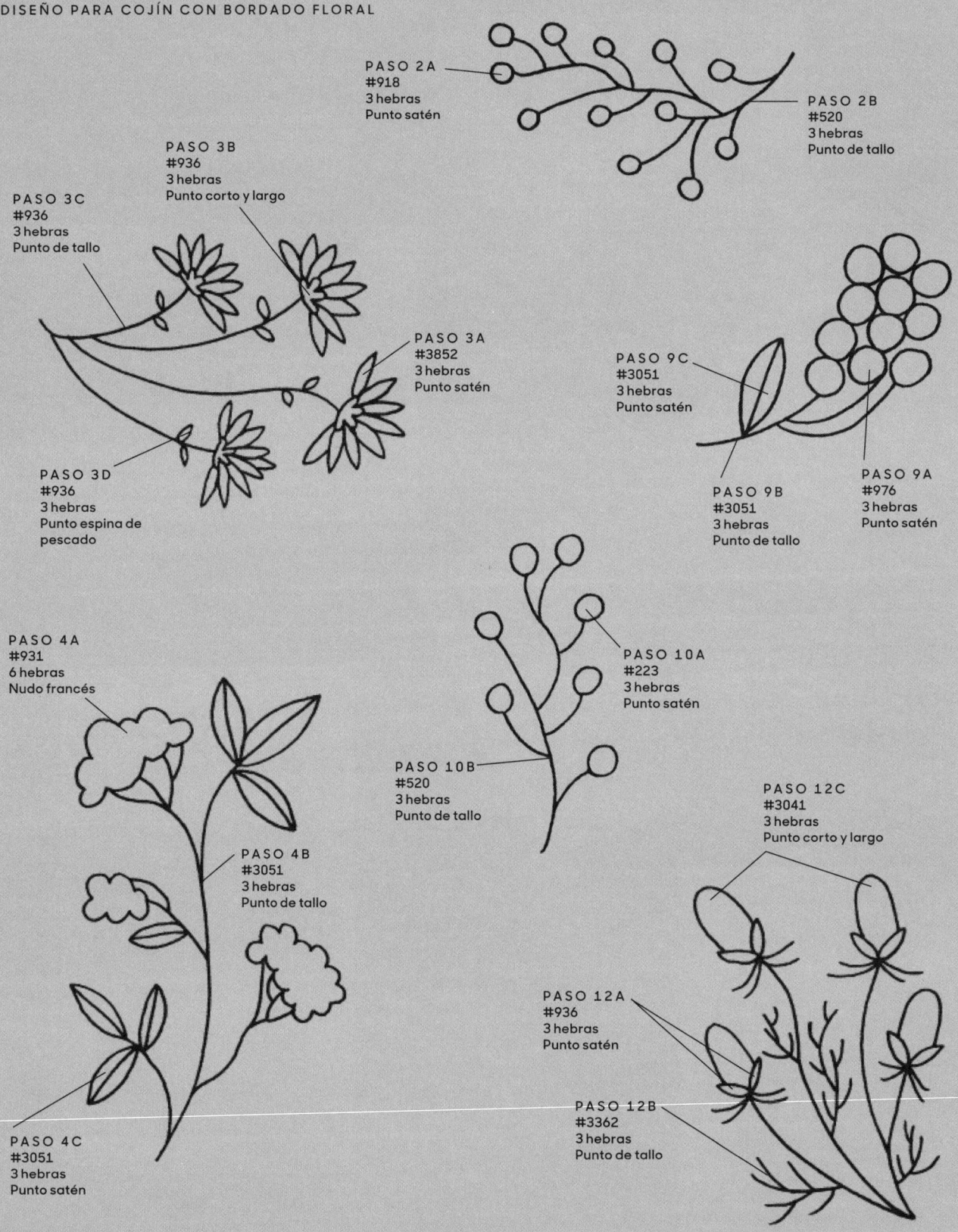

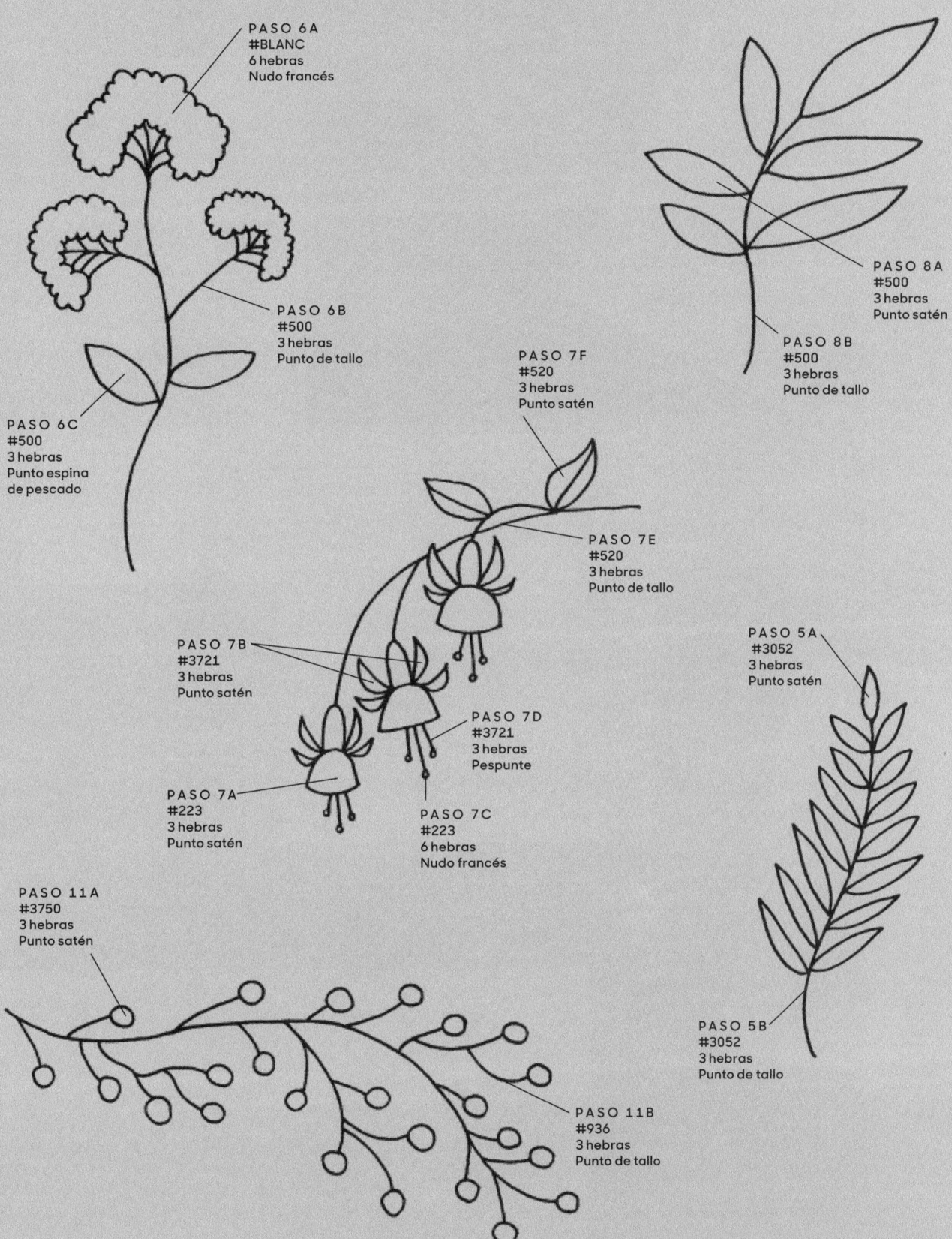

INSTRUCCIONES

PASO 1

Transfiere la plantilla al tejido. Yo he utilizado para ello Sticky Fabri-Solvy (ver p. 23), pero también puedes calcarla si te resulta más conveniente. Una vez transferida la plantilla, ya puedes montar el cojín en el bastidor, tensándolo, y atornillar la tuerca para fijarlo. Debido al gran tamaño de este proyecto, deberás reposicionar el bastidor a medida que vayas bordando las diferentes flores.

PASO 2

Borda las bayas de la esquina superior izquierda.

2A. Borda las bayas con punto satén, utilizando tres hebras de color #918 Rojo cobrizo oscuro.

2B. Borda el tallo con punto de tallo, utilizando tres hebras de color #520 Verde helecho oscuro.

PASO 3

Borda las flores en forma de abanico.

3A. Borda las flores en abanico con punto satén, utilizando tres hebras de color #3852 Pajizo muy oscuro.

3B. Borda la sección donde las flores se encuentran con el tallo con punto corto y largo, utilizando tres hebras de color #936 Verde aguacate muy oscuro.

3C. Borda el tallo con punto de tallo, utilizando tres hebras de color #936 Verde aguacate muy oscuro.

3D. Borda las hojas con punto espina de pescado, utilizando tres hebras de color #936 Verde aguacate muy oscuro.

PASO 4

Borda el ramillete de flores azules.

4A. Borda las flores con nudo francés, utilizando seis hebras de color #931 Azul antiguo medio. Da dos vueltas con el hilo alrededor de la aguja para crear los nudos franceses.

4B. Borda el tallo con punto de tallo, utilizando tres hebras de color #3051 Gris verdoso oscuro.

4C. Borda las hojas con punto satén, utilizando tres hebras de color #3051 Gris verdoso oscuro. Borda cada una de las mitades de las hojas por separado para crear el efecto de una nervadura central. Si deseas simplificar el proyecto, puedes ignorar esta nervadura central y rellenar las hojas en toda su anchura con punto satén para reducir el tiempo de bordado.

PASO 5

Borda hojas de helecho de la izquierda.

5A. Borda las hojas con punto satén, utilizando tres hebras de color #3052 Gris verdoso medio.

5B. Borda el tallo con punto de tallo, utilizando tres hebras de color #3052 Gris verdoso medio.

PASO 6

Borda el ramillete de flores blancas.

6A. Borda las flores con nudo francés, utilizando seis hebras de color #BLANC (Blanco). Da dos vueltas con el hilo alrededor de la aguja para crear los nudos franceses

6B. Borda los tallos con punto de tallo, utilizando tres hebras de color #500 Azul verdoso muy oscuro.

6C. Borda las hojas con punto espina de pescado, utilizando tres hebras de color #500 Azul verdoso muy oscuro.

PASO 7

Borda el ramillete de fucsias.

7A. Borda la parte acampanada de las flores con punto satén, utilizando tres hebras de color #223 Rosa iridiscente claro.

7B. Borda los pétalos y la base de las flores con punto satén, utilizando tres hebras de color #3721 Rosa iridiscente oscuro.

7C. Borda las anteras con nudo francés, utilizando seis hebras de color #223 Rosa iridiscente claro. Da una vuelta con el hilo alrededor de la aguja para crear los nudos franceses.

7D. Borda los filamentos con pespunte, utilizando tres hebras de color #3721 Rosa iridiscente oscuro.

7E. Borda el tallo con punto de tallo, utilizando tres hebras de color #520 Verde helecho oscuro.

7F. Borda las hojas con punto satén, utilizando tres hebras de color #520 Verde helecho oscuro. Borda cada una de las mitades de las hojas por separado para crear el efecto de una nervadura central. También en este caso, si deseas simplificar el proyecto, puedes rellenar las hojas en toda su anchura con punto satén para reducir el tiempo de bordado.

PASO 8

Borda las hojas de la derecha.

8A. Borda las hojas con punto satén, utilizando tres hebras de color #500 Azul verdoso muy oscuro.

8B. Borda los tallos con punto de tallo, utilizando tres hebras de color #500 Azul verdoso muy oscuro.

PASO 9

Borda el ramillete de bayas de color naranja.

9A. Borda las bayas con punto satén, utilizando

tres hebras de color #976 Marrón dorado medio.

9B. Borda el tallo con punto de tallo, utilizando tres hebras de color #3051 Gris verdoso oscuro.

9C. Borda la hoja con punto satén, utilizando tres hebras de color #3051 Gris verdoso oscuro. Borda cada mitad de la hoja por separado para crear el efecto de una nervadura central o, simplemente, rellena la hoja en toda su anchura con punto satén para reducir el tiempo de bordado.

PASO 10

Borda las bayas de la esquina inferior izquierda.

10A. Borda las bayas con punto satén, utilizando tres hebras de color #223 Rosa iridiscente claro.

10B. Borda el tallo con punto de tallo, utilizando tres hebras de color #520 Verde helecho oscuro.

PASO 11

Borda las bayas de la parte inferior central.

11A. Borda las bayas con punto satén, utilizando tres hebras de color #3750 Azul antiguo muy oscuro.

11B. Borda el tallo con punto de tallo, utilizando tres hebras de color #936 Verde aguacate muy oscuro.

PASO 12

Borda el ramillete de la esquina inferior derecha.

12A. Borda las hojas con punto satén, utilizando tres hebras de color #936 Verde aguacate muy oscuro.

12B. Borda el tallo con punto de tallo, utilizando tres hebras de color #3362 Verde pino oscuro.

12C. Borda las flores con punto corto y largo, utilizando tres hebras de color #3041 Violeta antiguo medio.

PASO 13

Una vez completado el bordado, remójalo para eliminar el Sticky Fabri-Solvy (en caso de haberlo utilizado) y déjalo secar. Plancha con cuidado la funda de cojín para eliminar las posibles arrugas.

CONSEJOS

Si este proyecto te resulta un tanto complicado, puedes simplificar el diseño escogiendo solo uno o dos de los motivos florales para bordar la funda del cojín.

BOLSA PARA LA COMPRA CON INICIALES BORDADAS

Puedes reducir la cantidad de plásticos que utilizas y, al mismo tiempo, dejar tu impronta con tu bolsa de la compra favorita, que puedes personalizar con una o con todas tus iniciales.

CONSEJOS
Esta técnica de bordado de iniciales es genial para decorar tu camisa favorita. Cuando la apliques a prendas de vestir, utiliza solo dos o tres hebras para que el bordado no resalte en exceso.

NIVEL DE DIFICULTAD
....
FÁCIL

TIEMPO
....
1 HORA

PUNTOS DE BORDADO
....
- PUNTO DE TALLO *(p. 36)*

MATERIALES
....
- BOLSA DE LONA
- PLANTILLA *(thethreadhoney.com/templates)*

HILO DE BORDAR *(MOULINÉ)*
....
- DMC #310 NEGRO

HERRAMIENTAS
....
- BASTIDOR DE BORDAR DE MADERA DE 15 CM DE DIÁMETRO
- TIJERAS DE BORDAR
- MARCADOR PARA TELA O STICKY FABRI-SOLVY
- AGUJA DEL N.º 3

INSTRUCCIONES
....

PASO 1
Escoge en la plantilla la inicial o iniciales que desees bordar y cálcalas sobre la bolsa con el marcador para tela. También puedes utilizar Sticky Fabri-Solvy (ver p. 23) para transferir la plantilla si te resulta más conveniente. Una vez calcada, ya puedes montar el tejido en el bastidor, tensándolo, y atornillar la tuerca para fijarlo.

PASO 2
Borda la inicial o iniciales con punto de tallo, utilizando seis hebras de color #310 Negro.

PASO 3
Una vez completado el bordado, desmonta la bolsa del bastidor y plánchala para eliminar cualquier arruga que el bastidor haya podido causar.

PASO 4
Completado el bordado, remójalo para eliminar el Sticky Fabri-Solvi (en caso de haberlo utilizado) y déjalo secar.

NIVEL DE DIFICULTAD
....
MEDIO

TIEMPO
....
2-3 HORAS

CUADRO CON MONTAÑAS MINIMALISTAS

A pesar de su sencillo aspecto final, este proyecto requiere de tu participación a la hora de crear la plantilla para el cuadro. Si se te da bien trabajar con líneas rectas, ¡este proyecto será coser y cantar!

PUNTOS DE BORDADO
....

- PESPUNTE *(p. 30)*

MATERIALES
....

- LIENZO MONTADO EN BASTIDOR DE 40 × 50 CM

HILO DE BORDAR *(MOULINÉ)*
....

- DMC #471 VERDE AGUACATE MUY CLARO
- DMC #3346 VERDE CAZADOR
- DMC #3750 AZUL ANTIGUO MUY OSCURO
- DMC #3808 TURQUESA ULTRAOSCURO
- DMC #3809 TURQUESA MUY OSCURO

HERRAMIENTAS
....

- PAPEL DE EMBALAR MARRÓN
- TIJERAS DE BORDAR
- REGLA/CINTA MÉTRICA
- TIJERAS
- AGUJA DEL N.º 7
- CHINCHETA O TACHUELA

DISEÑO PARA CUADRO CON MONTAÑAS MINIMALISTAS

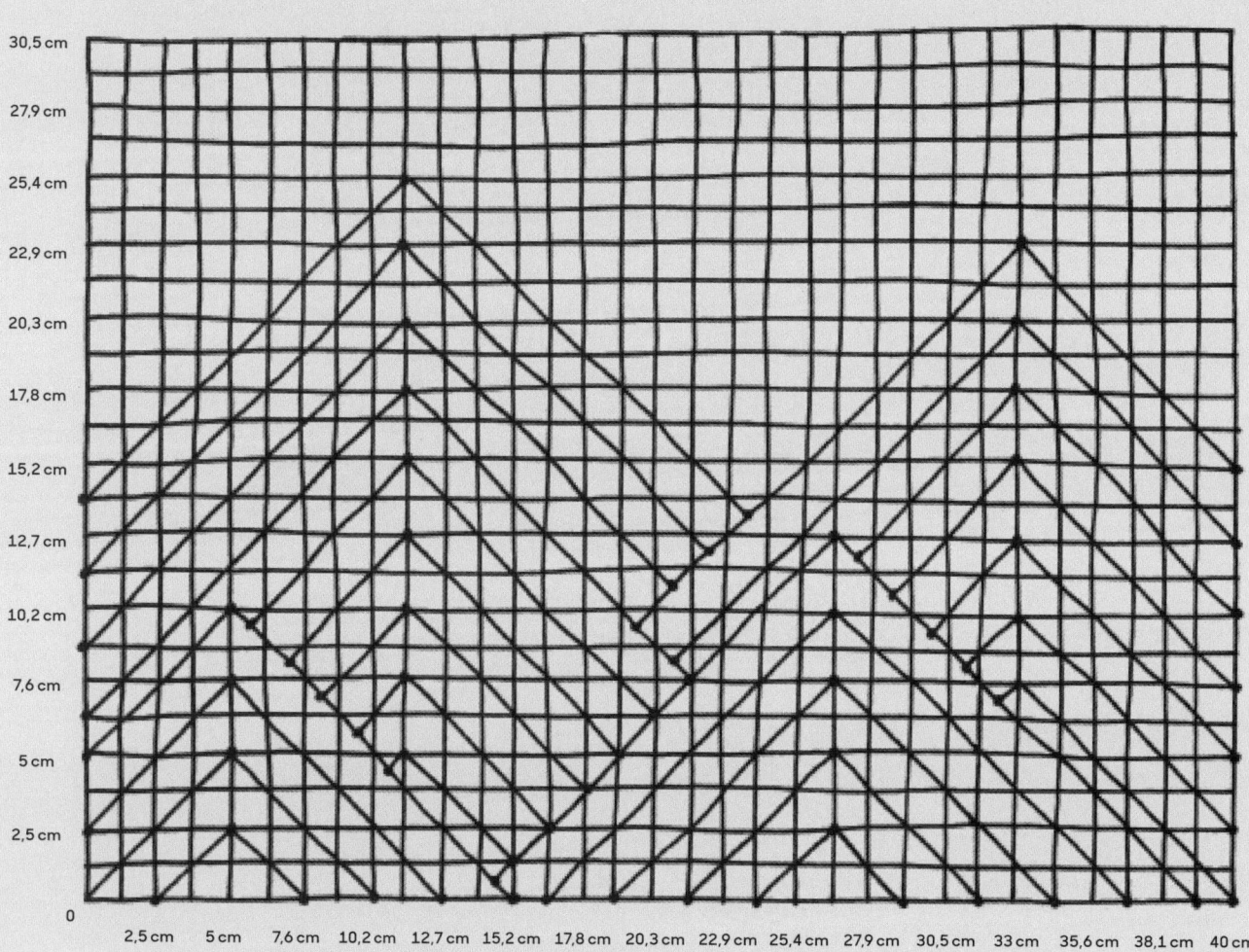

INSTRUCCIONES

PASO 1
Corta un rectángulo de papel de embalar marrón de 40 × 50 cm. Estas son las dimensiones del lienzo montado en el bastidor.

PASO 2
Utiliza el papel para dibujar la plantilla del bordado. Comienza marcando un perímetro de 5 cm a partir del canto del rectángulo que has recortado, que delimitará la zona del lienzo en la que no podrás bordar, ya que es la que va montada en el bastidor de madera. Debería quedarte un rectángulo de 30 × 40 cm en el centro del papel.

PASO 3
En el borde del rectángulo de 30 × 40 cm, marca un punto cada 1,25 cm, tanto en sentido vertical como horizontal. Ayudándote de la regla, une los puntos con rectas verticales y horizontales para crear una cuadrícula.

PASO 4
Siguiendo el patrón de la página contigua, copia sobre la cuadrícula los puntos en las posiciones que muestra la ilustración. Cada uno de estos puntos representa el lugar donde deberás hacer un agujero. Los agujeros te permitirán pasar el hilo de bordar para crear las líneas rectas de las montañas.

PASO 5
Coloca la cuadrícula con la plantilla ya terminada sobre el lienzo, de manera que los cantos del papel coincidan con los del lienzo.

PASO 6
Ayudándote de la tachuela o la chincheta, haz agujeros que atraviesen tanto el papel como el lienzo en cada uno de los puntos que has marcado en la cuadrícula. Cuando hayas perforado todos los agujeros, retira la plantilla.

PASO 7
Guiándote por los agujeros que ahora aparecen en el lienzo, sigue el patrón para comenzar a crear las montañas bordadas.

PASO 8
Crea la primera montaña (la que aparece en la ilustración en la esquina inferior izquierda) con pespunte, utilizando seis hebras del color #3346 Verde cazador.

PASO 9
Crea la segunda montaña (la que aparece en la ilustración en la parte inferior derecha) con pespunte, utilizando seis hebras del color #3808 Turquesa ultraoscuro.

PASO 10
Crea la tercera montaña (la que aparece en la ilustración directamente detrás de la primera) con pespunte, utilizando seis hebras del color #3809 Turquesa muy oscuro.

PASO 11
Crea la cuarta montaña (la que aparece en la ilustración directamente detrás de la segunda) con pespunte, utilizando seis hebras de color #471 Verde aguacate muy claro.

PASO 12
Crea la quinta montaña (la que aparece en la ilustración directamente detrás de la tercera) con pespunte, utilizando seis hebras de color #3750 Azul antiguo muy oscuro.

CONSEJOS
En lugar de montañas, utiliza la regla para crear cualquier diseño con formas geométricas que te apetezca, y después bórdalas con hilo mouliné *en tus tonalidades favoritas.*

FALDA VAQUERA CON MARIPOSAS

Dale un aire sofisticado a una falda vaquera normal y corriente con este motivo doble de mariposas. Este diseño, de nivel avanzado, es perfecto para los principiantes del bordado que deseen echar a volar y emprender un proyecto que incluye diferentes puntos de bordado.

NIVEL DE DIFICULTAD
....
AVANZADO

TIEMPO
....
6-7 HORAS PARA CADA MARIPOSA

PUNTOS DE BORDADO

- PESPUNTE *(p. 30)*
- NUDO FRANCÉS *(p. 37)*
- PUNTO CORTO Y LARGO *(p. 31)*
- PUNTO SATÉN *(p. 33)*

MATERIALES

- PLANTILLA *(p. 156)*
- FALDA VAQUERA

HILO DE BORDAR *(MOULINÉ)*

- DMC #310 NEGRO
- DMC #436 TOSTADO
- DMC #500 AZUL VERDOSO MUY OSCURO
- DMC #502 VERDE AZULADO
- DMC #503 VERDE AZULADO MEDIO
- DMC #504 VERDE AZULADO MUY CLARO
- DMC #739 TOSTADO ULTRACLARO
- DMC #3721 ROSA IRIDISCENTE OSCURO
- DMC #3722 ROSA IRIDISCENTE MEDIO

HERRAMIENTAS

- BASTIDOR DE BORDAR DE MADERA DE 17,85 CM DE DIÁMETRO
- TIJERAS DE BORDAR
- MARCADOR PARA TELA O STICKY FABRI-SOLVY
- AGUJA DEL N.º 7

CONSEJOS
Este diseño de mariposas es una excusa perfecta para jugar con la teoría del color. Puedes cambiar completamente el aspecto de las mariposas utilizando gamas de color tan atrevidas como desees.

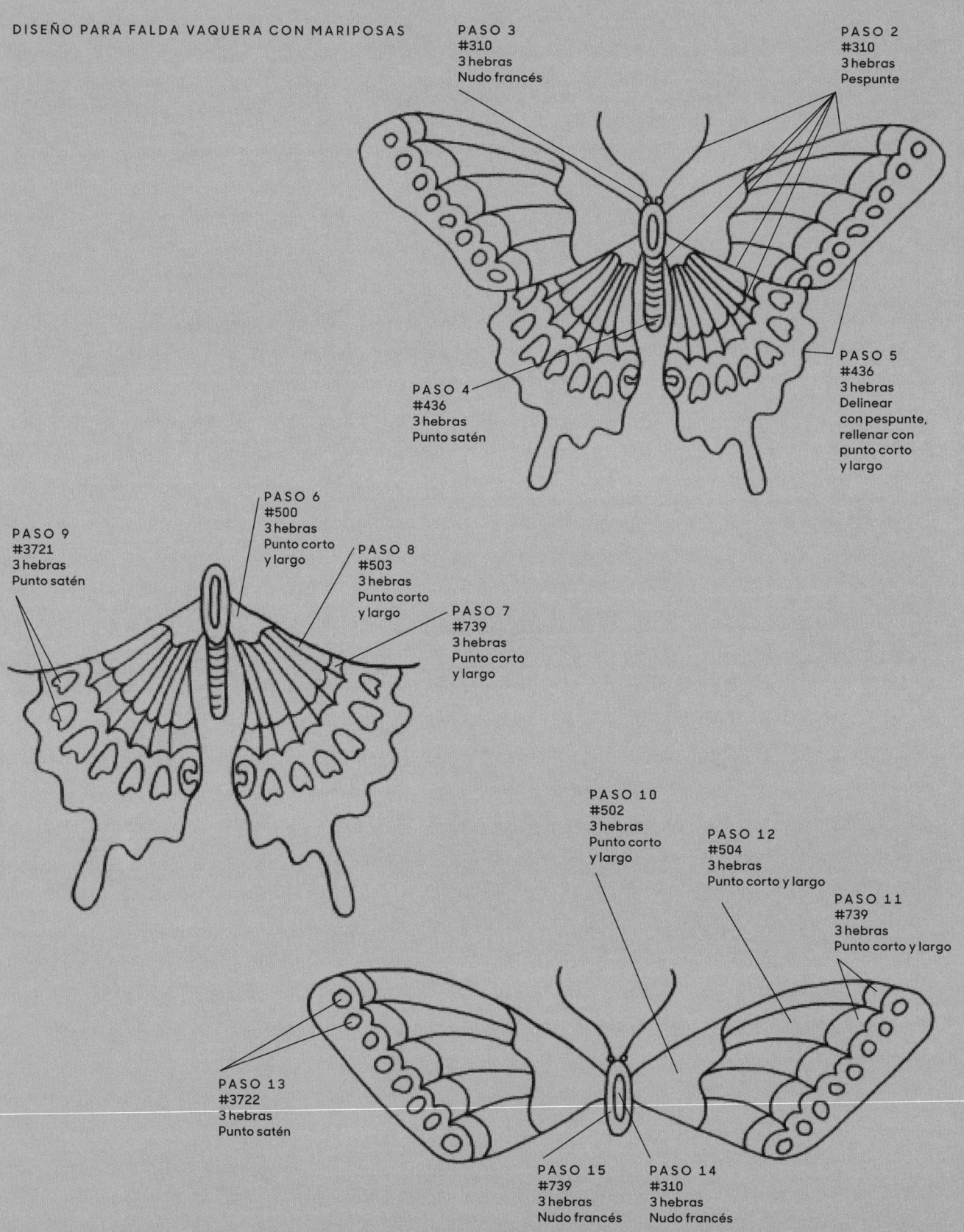

INSTRUCCIONES

PASO 1
Transfiere la plantilla sobre la falda, primero una mariposa y luego la otra. Yo he utilizado Sticky Fabri-Solvy (ver p. 23) para ello, pero también puedes calcar la plantilla si te resulta más conveniente. Una vez la hayas dibujado en su lugar, ya puedes montar el tejido donde irá la primera mariposa en el bastidor, tensándolo, y atornillar la tuerca para fijarlo.

PASO 2
Borda las antenas, los bordes superiores y las venas de las alas, y las líneas del abdomen con pespunte, utilizando tres hebras de color #310 Negro.

PASO 3
Borda los globos oculares con nudo francés, utilizando tres hebras de color #310 Negro. Da dos vueltas con el hilo alrededor de la aguja para crear los nudos franceses.

PASO 4
Borda el abdomen con punto satén, utilizando tres hebras de color #436 Tostado.

PASO 5
Borda la sección externa de las alas utilizando tres hebras de color #436 Tostado. Borda primero el contorno con pespunte y después rellénalas con punto corto y largo.

PASO 6
Borda la sección interna de las alas (la más cercana al abdomen) con punto corto y largo, utilizando tres hebras de color #500 Azul verdoso muy oscuro.

PASO 7
Borda la banda exterior de las alas inferiores (la más alejada del abdomen) con punto corto y largo, utilizando tres hebras de color #739 Tostado ultraclaro.

PASO 8
Borda la banda intermedia de las alas inferiores con punto corto y largo, utilizando tres hebras de color #503 Verde azulado medio.

PASO 9
Borda los puntos de las alas inferiores con punto satén, utilizando tres hebras de color #3721 Rosa iridiscente oscuro.

PASO 10
Borda la sección interna (la más cercana al abdomen) de las alas superiores con punto corto y largo, utilizando tres hebras de color #502 Verde azulado.

PASO 11
Borda la banda externa (la más alejada del abdomen) de las alas superiores con punto corto y largo, utilizando tres hebras de color #739 Tostado ultraclaro.

PASO 12
Borda la banda intermedia de las alas superiores con punto corto y largo, utilizando tres hebras de color #504 Verde azulado muy claro.

PASO 13
Borda los lunares de las alas superiores con punto satén, utilizando tres hebras de color #3722 Rosa iridiscente medio.

PASO 14
Borda la sección intermedia del tórax con nudo francés, utilizando tres hebras de color #310 Negro. Da dos vueltas con el hilo alrededor de la aguja para crear los nudos franceses.

PASO 15
Borda el resto del tórax con nudo francés, utilizando tres hebras de color #739 Tostado ultraclaro. Da dos vueltas con el hilo alrededor de la aguja para crear los nudos franceses.

PASO 16
Repite los pasos 1 a 16 para crear la segunda mariposa en el lado opuesto de la falda vaquera.

PASO 17
Una vez completado el bordado, desmonta la falda del bastidor y elimina con agua el Sticky Fabri-Solvy (en caso de haberlo utilizado). Déjala secar y plánchala para eliminar cualquier arruga que pudiera haber alrededor de las mariposas.

DELANTAL CON LÁMINA BOTÁNICA DE TOMILLO

Perfuma tu cocina con tomillo gracias a este diseño botánico de inspiración vintage. Los capullos de tomillo en tonos rosa iridiscente harán que aflore el chef que hay en ti.

NIVEL DE DIFICULTAD

....

AVANZADO

TIEMPO

....

7-8 HORAS

PUNTOS DE BORDADO

- PESPUNTE *(p. 30)*
- NUDO FRANCÉS *(p. 37)*
- PUNTO CORTO Y LARGO *(p. 31)*
- PUNTO SATÉN *(p. 33)*
- PUNTO DE TALLO *(p. 36)*

MATERIALES

- DELANTAL DE COCINA DE LINO
- PLANTILLA *(p. 157)*

HILO DE BORDAR *(MOULINÉ)*

- DMC #221 ROSA IRIDISCENTE MUY OSCURO
- DMC #223 ROSA IRIDISCENTE CLARO
- DMC #224 ROSA IRIDISCENTE MUY CLARO
- DMC #310 NEGRO
- DMC #3346 VERDE CAZADOR
- DMC #3362 VERDE PINO OSCURO
- DMC #3722 ROSA IRIDISCENTE MEDIO

HERRAMIENTAS

- BASTIDOR DE BORDAR DE MADERA DE 25 CM DE DIÁMETRO
- TIJERAS DE BORDAR
- MARCADOR PARA TELA O STICKY FABRI-SOLVY
- AGUJA DEL N.º 7

CONSEJO
Omite la caja y el texto de este bordado para darle al diseño un aire completamente diferente.

DISEÑO PARA DELANTAL CON LÁMINA BOTÁNICA DE TOMILLO

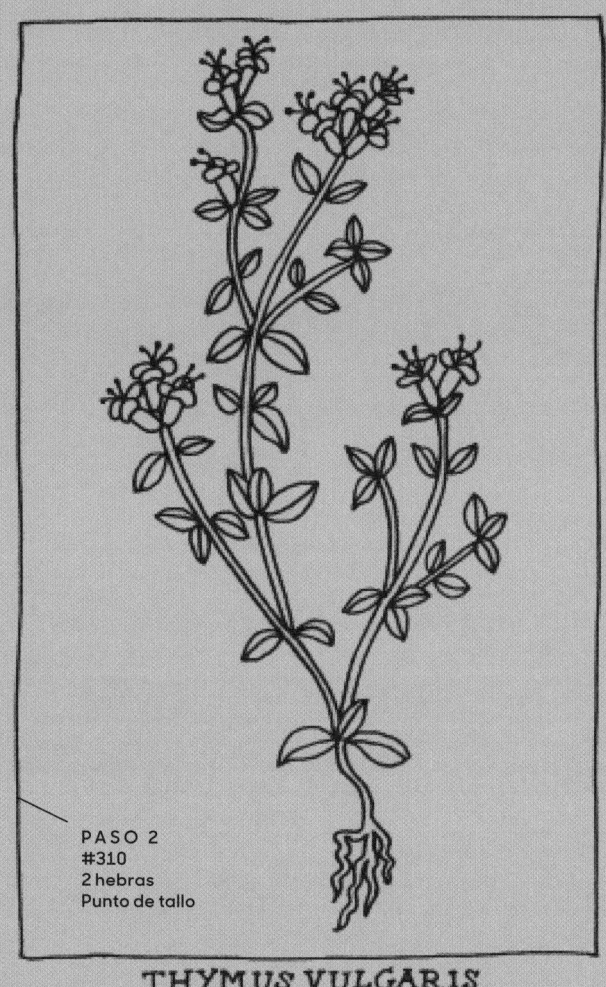

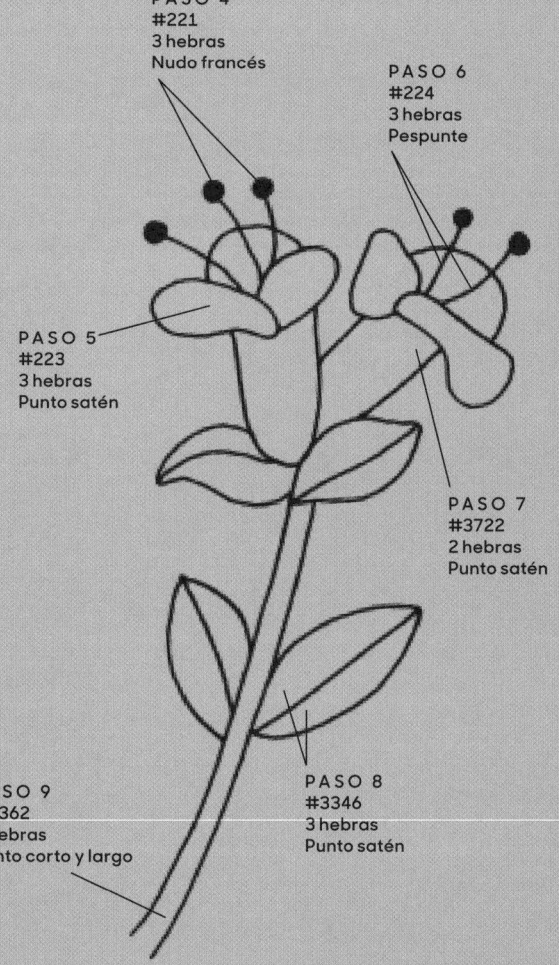

INSTRUCCIONES

PASO 1
Transfiere la plantilla al delantal. Para ello, yo he utilizado Sticky Fabri-Solvy (ver p. 23), pero también puedes calcarla si te resulta más conveniente. Una vez hayas dibujado la plantilla en su lugar, ya puedes montar el tejido en el bastidor, tensándolo, y atornillar la tuerca para fijarlo. Dependiendo del tamaño de tu bastidor, deberás reposicionarlo a medida que avances.

PASO 2
Borda el contorno de la caja con punto de tallo, utilizando dos hebras de color #310 Negro.

PASO 3
Borda el texto en latín situado bajo la caja con pespunte, utilizando dos hebras de color #310 Negro.

PASO 4
Borda las anteras con nudo francés, utilizando tres hebras de color #221 Rosa iridiscente muy oscuro. Da una vuelta con el hilo alrededor de la aguja para crear los nudos franceses.

PASO 5
Borda los pétalos superiores con punto satén, utilizando tres hebras de color #223 Rosa iridiscente claro.

PASO 6
Borda los filamentos con pespunte, utilizando tres hebras de color #224 Rosa iridiscente muy claro.

PASO 7
Borda la sección inferior de las flores con punto satén, utilizando dos hebras de color #3722 Rosa iridiscente medio.

PASO 8
Borda las hojas con punto satén, utilizando tres hebras de color #3346 Verde cazador. Borda cada una de las mitades de las hojas por separado para crear el efecto de una nervadura central. Si deseas simplificar el proyecto, puedes ignorar esta nervadura central y rellenar las hojas en toda su anchura con punto satén para reducir el tiempo de bordado.

PASO 9
Borda los tallos y las raíces con punto corto y largo, utilizando tres hebras de color #3362 Verde pino oscuro.

PASO 10
Una vez completado el bordado, desmonta el delantal del bastidor y remójalo para eliminar el Sticky Fabri-Solvy (en caso de haberlo utilizado). Déjalo secar y plánchalo para eliminar posibles arrugas.

NIVEL DE DIFICULTAD
....
MEDIO

TIEMPO
....
4-5 HORAS

AMERICANA CON RAMILLETE DE AMAPOLAS

Crea un bouquet *que nunca pasa de moda con este fresco diseño floral. Las amapolas de color rosa rodeadas de un verdor vibrante transformarán cualquier americana aburrida en una pieza fabulosa.*

PUNTOS DE BORDADO
....

- PESPUNTE *(p. 30)*
- NUDO FRANCÉS *(p. 37)*
- PUNTO CORTO Y LARGO *(p. 31)*
- PUNTO SATÉN *(p. 33)*

MATERIALES
....

- AMERICANA DE POLIÉSTER
- PLANTILLA *(p. 158)*

HILO DE BORDAR *(MOULINÉ)*
....

- DMC #347 SALMÓN MUY OSCURO
- DMC #761 SALMÓN CLARO
- DMC #904 VERDE LORO MUY OSCURO
- DMC #3051 GRIS VERDOSO OSCURO
- DMC #3328 SALMÓN OSCURO
- DMC #3347 VERDE AMARILLENTO MEDIO
- DMC #3712 SALMÓN MEDIO
- DMC #3820 PAJIZO OSCURO

HERRAMIENTAS
....

- BASTIDOR DE BORDAR DE MADERA DE 25 CM DE DIÁMETRO
- TIJERAS DE BORDAR
- MARCADOR PARA TELA O STICKY FABRI-SOLVY
- AGUJA DEL N.º 3
- AGUJA DEL N.º 7

DISEÑO PARA AMERICANA CON RAMILLETE DE AMAPOLAS

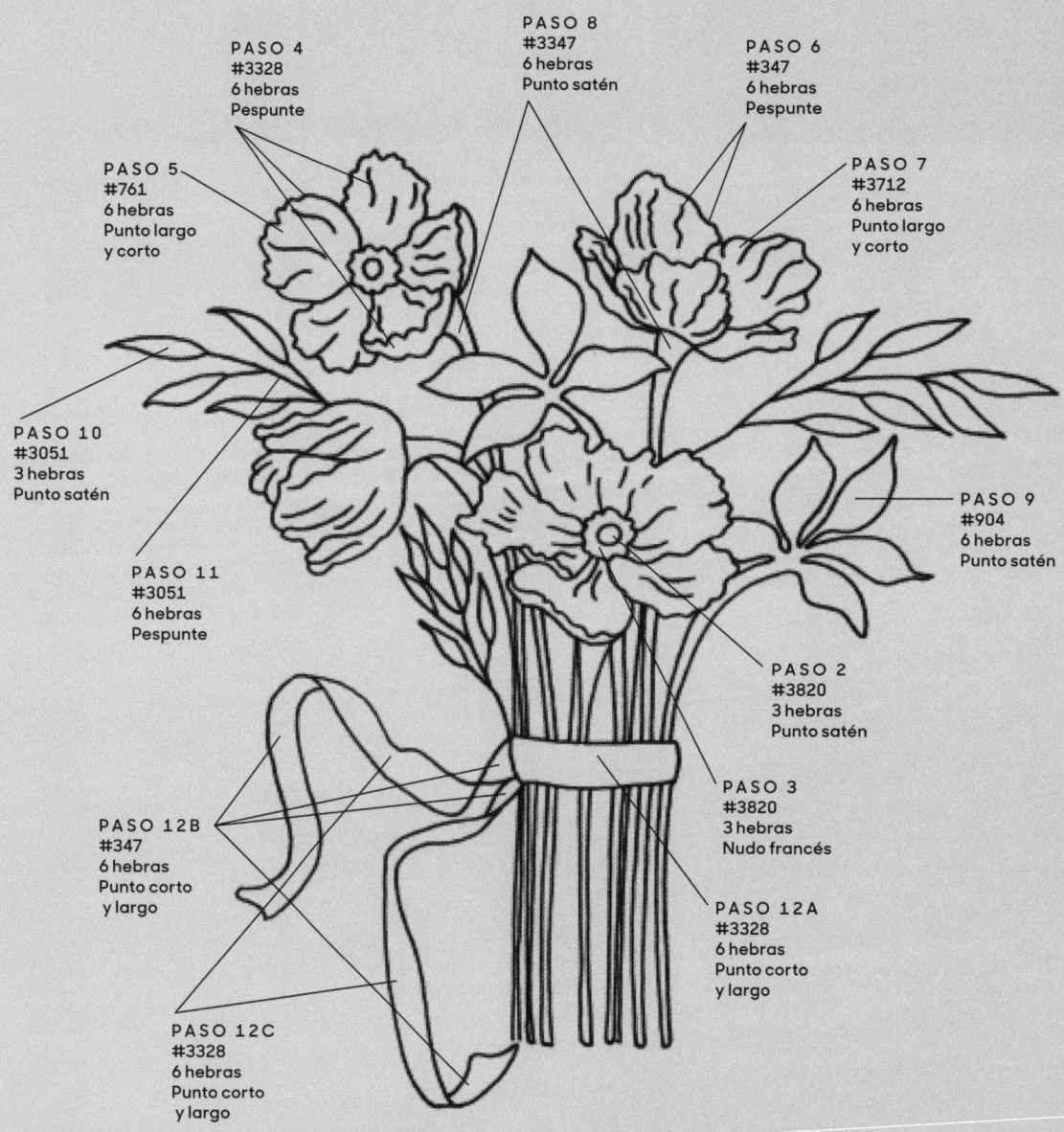

INSTRUCCIONES

PASO 1
Transfiere la plantilla a la americana. Para ello, yo he utilizado Sticky Fabri-Solvy (ver p. 23), pero también puedes calcar la plantilla si te resulta más conveniente. Una vez la hayas dibujado en su lugar, ya puedes montar el tejido en el bastidor, tensándolo, y atornillar la tuerca para fijarlo.

PASO 2
Borda los centros de las flores abiertas con punto satén, utilizando tres hebras de color #3820 Pajizo oscuro.

PASO 3
Borda el área alrededor del centro de las flores con nudo francés, utilizando tres hebras de color #3820 Pajizo oscuro. Da dos vueltas con el hilo alrededor de la aguja para crear los nudos franceses.

PASO 4
Borda el contorno y las marcas de las flores abiertas con pespunte, utilizando seis hebras del color #3328 Salmón oscuro. Rellena el envés de los pétalos con punto corto y largo, utilizando seis hebras de color #3328 Salmón oscuro.

PASO 5
Borda los pétalos de las flores abiertas con punto corto y largo, utilizando seis hebras de color #761 Salmón claro.

PASO 6
Borda el contorno y las marcas de las flores cerradas con pespunte, utilizando seis hebras de color #347 Salmón muy oscuro.

PASO 7
Rellena los pétalos de las flores cerradas con punto corto y largo, utilizando seis hebras de color #3712 Salmón medio.

PASO 8
Borda los tallos de las flores con punto satén, utilizando seis hebras de color #3347 Verde amarillento medio.

PASO 9
Borda el follaje grande con punto satén, utilizando seis hebras de color #904 Verde loro muy oscuro.

PASO 10
Borda el follaje pequeño con punto satén, utilizando tres hebras de color #3051 Gris verdoso oscuro.

PASO 11
Borda los tallos del follaje pequeño con pespunte, utilizando seis hebras de color #3051 Gris verdoso oscuro.

PASO 12
Borda el lazo.

12A. Borda el lazo que envuelve las flores con punto corto y largo, utilizando seis hebras de color #3328 Salmón oscuro.

12B. Borda las secciones del lazo indicadas en la ilustración con punto corto y largo, utilizando seis hebras de color #347 Salmón muy oscuro.

12C. Borda las secciones restantes del lazo con punto corto y largo, utilizando seis hebras de color #3328 Salmón oscuro.

CONSEJOS
Este diseño también queda genial bordado en la espalda de una chaqueta vaquera.

NIVEL DE DIFICULTAD
....
FÁCIL

TIEMPO
....
1-2 HORAS

PUNTOS DE BORDADO
....
- PUNTO DE HILVÁN *(p. 29)*

MATERIALES
....
- PANTALLA PARA LÁMPARA

HILO DE BORDAR *(MOULINÉ)*
....
- DMC #729 ORO VIEJO MEDIO
- DMC #3354 ROSA EMPOLVADO CLARO
- DMC #3750 AZUL ANTIGUO MUY OSCURO

HERRAMIENTAS
....
- TIJERAS DE BORDAR
- MARCADOR PARA TELA
- REGLA/CINTA MÉTRICA
- AGUJA DEL N.º 3
- CHINCHETA O TACHUELA

PANTALLA PARA LÁMPARA *BOHO* CON DISEÑO GEOMÉTRICO

Unos sencillos pespuntes resultan muy efectistas cuando los bordamos en una pantalla de lámpara de color blanco. Para combinarla con tu espacio personal y acentuar la individualidad de tu habitación, solo tienes que cambiar la gama de colores del hilo.

INSTRUCCIONES

PASO 1
Coloca la regla sobre la pantalla formando un ángulo y haz marcas cada 1,2 cm ayudándote del marcador para tela. El número de marcas ha de ser par para que puedas bordar los pespuntes. Tenlo en cuenta cuando hagas las marcas, y deja un espacio en los bordes superior e inferior de la pantalla para que los pespuntes no queden excesivamente cerca de aquellos.

PASO 2
Una vez hechas las marcas, haz los agujeros en la pantalla con la chincheta (o tachuela). Puede que el material de la pantalla sea bastante grueso, así que no tengas miedo a la hora de clavar la chincheta; una vez clavada, muévela en círculos para ensanchar el agujero por el que pasará la aguja.

PASO 3
Crea los pespuntes pasando la aguja por los agujeros utilizando seis hebras de color #729 Oro viejo medio.

PASO 4
Repite el paso 1, colocando la regla en un ángulo diferente. No te preocupes si alguna de las puntadas se superpone a las anteriores, esto imprimirá aún más carácter a la pantalla.

PASO 5
Crea los pespuntes pasando la aguja por los agujeros utilizando seis hebras de color #3354 Rosa empolvado claro.

PASO 6
Repite el paso 1, colocando nuevamente la regla en un ángulo diferente.

PASO 7
Crea los pespuntes pasando la aguja por los agujeros utilizando seis hebras de color #3750 Azul antiguo muy oscuro.

PASO 8
Repite los pasos 1-7, alternando los colores a medida que avances alrededor de la pantalla.

CONSEJOS
Puedes cambiar el aspecto de este proyecto bordando puntadas más cortas (de entre 0,3 cm y 0,6 cm) o más largas (de entre 2,5 y 5 cm).

NIVEL DE DIFICULTAD
....
FÁCIL

TIEMPO
....
2 HORAS

PUNTOS DE BORDADO
....
- PESPUNTE *(p. 30)*

MATERIALES
....
- PLANTILLA *(p. 159)*
- CAMISETA DE ALGODÓN BLANCA

HILO DE BORDAR *(MOULINÉ)*
....
- DMC #310 NEGRO
- DMC #963 ROSA EMPOLVADO ULTRA-CLARO
- DMC #3354 ROSA EMPOLVADO CLARO

HERRAMIENTAS
....
- BASTIDOR DE BORDAR DE MADERA DE 20 CM DE DIÁMETRO
- TIJERAS DE BORDAR
- MARCADOR PARA TELA O STICKY FABRI-SOLVY
- AGUJA DEL N.° 7

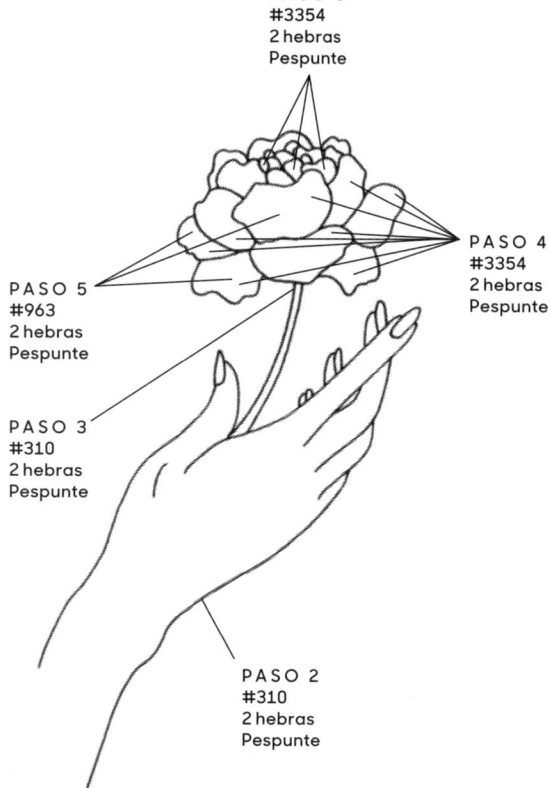

PASO 6
#3354
2 hebras
Pespunte

PASO 4
#3354
2 hebras
Pespunte

PASO 5
#963
2 hebras
Pespunte

PASO 3
#310
2 hebras
Pespunte

PASO 2
#310
2 hebras
Pespunte

CAMISETA CON PEONIAS

Si eres nuevo en el mundo del bordado, esta camiseta es el proyecto ideal para iniciarte en él. El diseño minimalista de color negro está acentuado por sutiles tonos rosa para convertir esta camiseta básica en algo especial.

INSTRUCCIONES
....

PASO 1
Con el marcador para tela, calca la plantilla en la sección superior derecha de la camiseta. También puedes utilizar Sticky Fabri-Solvi (ver p. 23) para transferir la plantilla si te resulta más conveniente. Una vez calcada, monta el área que vas a bordar en el bastidor, tensándola, y aprieta la tuerca para fijar el bastidor.

PASO 2
Borda el contorno de la mano con pespunte, utilizando dos hebras de color #310 Negro.

PASO 3
Borda el contorno de todas las peonias con pespunte, utilizando dos hebras de color #310 Negro.

PASO 4
Añade detalle a las dos hileras inferiores de pétalos de las peonias. Crea una segunda hilera de pespuntes, por dentro de los contornos que has bordado en el paso 3, utilizando dos hebras de color #3354 Rosa empolvado claro.

CONSEJOS
Coloca la plantilla boca abajo y borda el diseño invertido para obtener un resultado completamente diferente.

PASO 5
Crea una tercera hilera de pespuntes, por dentro de la hilera que has bordado en el paso 4, utilizando dos hebras de color #963 Rosa empolvado ultraclaro.

PASO 6
Añade detalle al resto de los pétalos de las peonias. Crea una segunda hilera de pespuntes, por dentro de los contornos que has bordado en el paso 3, utilizando dos hebras de color #3354 Rosa empolvado claro.

PASO 7
Una vez completado el bordado, lávalo para eliminar el Sticky Fabri-Solvy (en caso de haberlo utilizado) y déjalo secar.

NIVEL DE DIFICULTAD
....
MEDIO

TIEMPO
....
7 HORAS

SHORTS CON HOJAS DE LAUREL

Las vibrantes tonalidades rosa y púrpura sobre un fondo negro darán el toque perfecto a cualquier atuendo. Guiándote por la plantilla, puedes bordar tantos tallos de laurel como te apetezca para modificar el resultado final de tu proyecto.

PUNTOS DE BORDADO

- NUDO FRANCÉS *(p. 37)*
- PUNTO ESPINA DE PESCADO *(p. 35)*
- PUNTO DE TALLO *(p. 36)*

MATERIALES

- PLANTILLA *(thethreadhoney.com/templates)*
- *SHORTS* DE POLIÉSTER LIGERO

HILO DE BORDAR *(MOULINÉ)*

- DMC #211 LAVANDA CLARO
- DMC #315 MALVA ANTIGUO MEDIO OSCURO
- DMC #316 MALVA ANTIGUO MEDIO
- DMC #3041 VIOLETA ANTIGUO MEDIO
- DMC #3740 VIOLETA ANTIGUO OSCURO

HERRAMIENTAS

- BASTIDOR DE BORDAR DE MADERA DE 10 CM DE DIÁMETRO
- TIJERAS DE BORDAR
- MARCADOR PARA TELA O STICKY FABRI-SOLVY
- AGUJA DEL N.º 7

DISEÑO PARA *SHORTS* CON HOJAS DE LAUREL

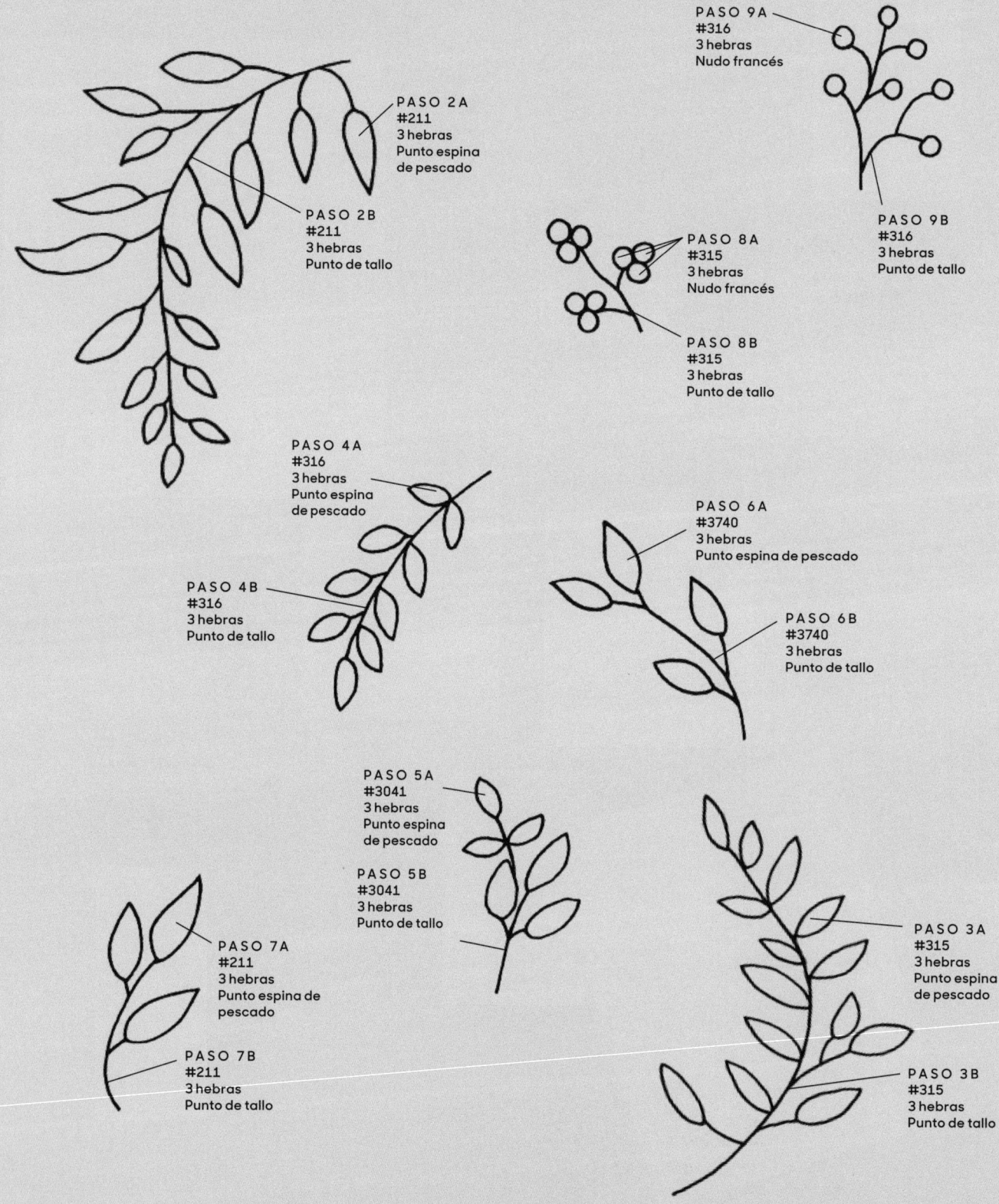

INSTRUCCIONES

PASO 1
Transfiere la plantilla a los *shorts*. Para ello, yo he utilizado Sticky Fabri-Solvy (ver p. 23), pero también puedes calcar la plantilla si te resulta más conveniente. Las ramitas de laurel de este diseño funcionan de manera autónoma, así que tendrás total libertad a la hora de disponerlas sobre los *shorts*. Puedes utilizar todas las ramas que aparecen en la plantilla o solo unas cuantas. Una vez hayas dibujado la plantilla en su lugar, ya puedes montar el tejido en el bastidor, tensándolo, y atornillar la tuerca para fijarlo. Debido a las grandes dimensiones de este proyecto, deberás reposicionar el bastidor a medida que bordes las diferentes ramitas.

PASO 2
Borda la rama más grande.
   2A. Borda las hojas con punto espina de pescado, utilizando tres hebras de color #211 Lavanda claro.
   2B. Borda el tallo con punto de tallo, utilizando tres hebras de color #211 Lavanda claro.

PASO 3
Borda la segunda rama más grande.
   3A. Borda las hojas con punto espina de pescado, utilizando tres hebras de color #315 Malva antiguo medio oscuro.
   3B. Borda el tallo con punto de tallo, utilizando tres hebras de color #315 Malva antiguo medio oscuro.

PASO 4
Borda la primera rama de tamaño mediano.
   4A. Borda las hojas con punto espina de pescado, utilizando tres hebras de color #316 Malva antiguo medio.
   4B. Borda el tallo con punto de tallo, utilizando tres hebras de color #316 Malva antiguo medio.

PASO 5
Borda la segunda rama de tamaño mediano.
   5A. Borda las hojas con punto espina de pescado, utilizando tres hebras de color #3041 Violeta antiguo medio.
   5B. Borda el tallo con punto de tallo, utilizando tres hebras de color #3041 Violeta antiguo medio.

PASO 6
Borda la tercera rama de tamaño mediano.
   6A. Borda las hojas con punto espina de pescado, utilizando tres hebras de color #3740 Violeta antiguo oscuro.
   6B. Borda el tallo con punto de tallo, utilizando tres hebras de color #3740 Violeta antiguo oscuro.

PASO 7
Borda la rama más pequeña.
   7A. Borda las hojas con punto espina de pescado, utilizando tres hebras de color #211 Lavanda claro.
   7B. Borda el tallo con punto de tallo, utilizando tres hebras de color #211 Lavanda claro.

PASO 8
Borda la rama con bayas pequeña.
   8A. Borda los racimos de bayas con nudo francés, utilizando tres hebras de color #315 Malva antiguo medio oscuro. Da una vuelta con el hilo alrededor de la aguja para crear los nudos franceses.
   8B. Borda el tallo con punto de tallo, utilizando tres hebras de color #315 Malva antiguo medio oscuro.

PASO 9
Borda la rama con bayas grande.
   9A. Borda los racimos de bayas con nudo francés, utilizando tres hebras de color #316 Malva antiguo medio. Da una vuelta con el hilo alrededor de la aguja para crear los nudos franceses.
   9B. Borda el tallo con punto de tallo, utilizando tres hebras de color #316 Malva antiguo medio.

PASO 10
Borda el resto de las ramitas alternando los colores para cada una de ellas como más te guste, de manera que el diseño final tenga una óptima combinación de colores.

CONSEJOS
Si te cuesta bordar con punto de tallo, puedes sustituirlo por pespunte.

JERSEY DE PUNTO GRUESO CON TOPOS

Este es el proyecto perfecto para mantenerte calentito y darle un estiloso colorido a tus jerséis básicos de invierno.

NIVEL DE DIFICULTAD
....
FÁCIL

TIEMPO
....
2-3 HORAS

PUNTOS DE BORDADO
....
- NUDO FRANCÉS *(p. 37)*

MATERIALES
....
- HILO DE TEJER DE GROSOR ARÁN DE COLOR PÁPRIKA
- JERSEY DE LANA

HERRAMIENTAS
....
- AGUJA DE ACERO DE 5 CM PARA HILO DE TEJER
- BASTIDOR DE BORDAR DE 10 CM DE DIÁMETRO *(opcional)*
- BASTIDOR DE BORDAR DE 20 CM DE DIÁMETRO *(opcional)*
- TIJERAS

INSTRUCCIONES
....

PASO 1
Monta el jersey en el bastidor. A medida que vayas trabajando alrededor del mismo creando nudos franceses deberás reposicionar el bastidor para mantener fijo el tejido. Si crees que no necesitas utilizar el bastidor para bordar adecuadamente los nudos franceses, desmonta el jersey del bastidor y prescinde de este. Si te gusta trabajar con bastidor, te recomiendo utilizar uno de 20 cm de diámetro para el cuerpo del jersey y otro de 10 cm para las mangas.

PASO 2
Corta un cabo de hilo de tejer que puedas manejar con comodidad; puedes empezar con un cabo de 25 cm de largo.

PASO 3
Haz un nudo doble en uno de los extremos del cabo y pásalo desde el revés hacia el derecho del jersey. Crea con el cabo un nudo francés, dando tres vueltas con la aguja alrededor del hilo antes de volver a pasarla desde el derecho hacia el revés del jersey.

PASO 4
Haz un nudo y corta el hilo sobrante. Bordar cada nudo francés por separado requiere tiempo, pero quedarán mejor fijados que si estuviesen conectados entre sí por el revés del jersey.

PASO 5
Repite los pasos 2 a 4 para crear los topos diseminados por el jersey, tanto en el cuerpo como en las mangas.

CONSEJOS
Utiliza hilos de varios colores para aportar más interés visual a este proyecto.

NIVEL DE DIFICULTAD
....
MEDIO

TIEMPO
....
2 HORAS

PUNTOS DE BORDADO
....
- PESPUNTE *(p. 30)*

MATERIALES
....
- LIBRETA SENCILLA DE 10 × 14,5 CM CON LA TAPA DE CARTÓN *KRAFT*

HILO DE BORDAR *(MOULINÉ)*
....
- DMC #320 VERDE PISTACHO MEDIO
- DMC #563 VERDE JADE CLARO

HERRAMIENTAS
....
- TIJERAS DE BORDAR
- ROTULADOR
- REGLA/CINTA MÉTRICA
- AGUJA DEL N.º 7
- CHINCHETA O TACHUELA

LIBRETA CON TAPA DE HOJAS DE PALMA

Si te gustan los motivos bordados con forma de hojas, este proyecto es para ti. Unas puntadas rectas dan forma a la tapa de esta libreta inspirada en la jungla, con tonalidades de verde jade.

INSTRUCCIONES
....

PASO 1
En el lado derecho de la tapa de la libreta (a un tercio de distancia, aproximadamente, del canto derecho), traza una línea de 9 cm con la regla. Debería quedarte un espacio en la parte inferior de la tapa, es decir, la línea no debería alcanzar el canto inferior. Con el rotulador, marca un punto en el extremo superior de los 9 cm; lo llamaremos X. Marca también un punto en el extremo inferior de los 9 cm, al que llamaremos Y (ver diseño de la p. 130).

PASO 2
Sin mover la regla, y ayudándote del rotulador, marca hacia abajo un punto a 2,5 cm del punto X; llamaremos a este nuevo punto A. Marca otro punto a 4 cm de X; llamaremos a este punto B. Marca un tercer punto a 6,5 cm de X; llamaremos a este punto C. Marca un cuarto punto a 7,5 cm de X; llamaremos a este punto D (ver patrón de la p. 130).

PASO 3
Coloca la regla con el canto contra el punto A; después muévela hacia arriba a la derecha para crear un ángulo de 45º respecto a la línea original. Mide 1,2 cm y marca un puntito con el rotulador; llamaremos a este punto E.

DISEÑO PARA LIBRETA CON TAPA DE HOJAS DE PALMA

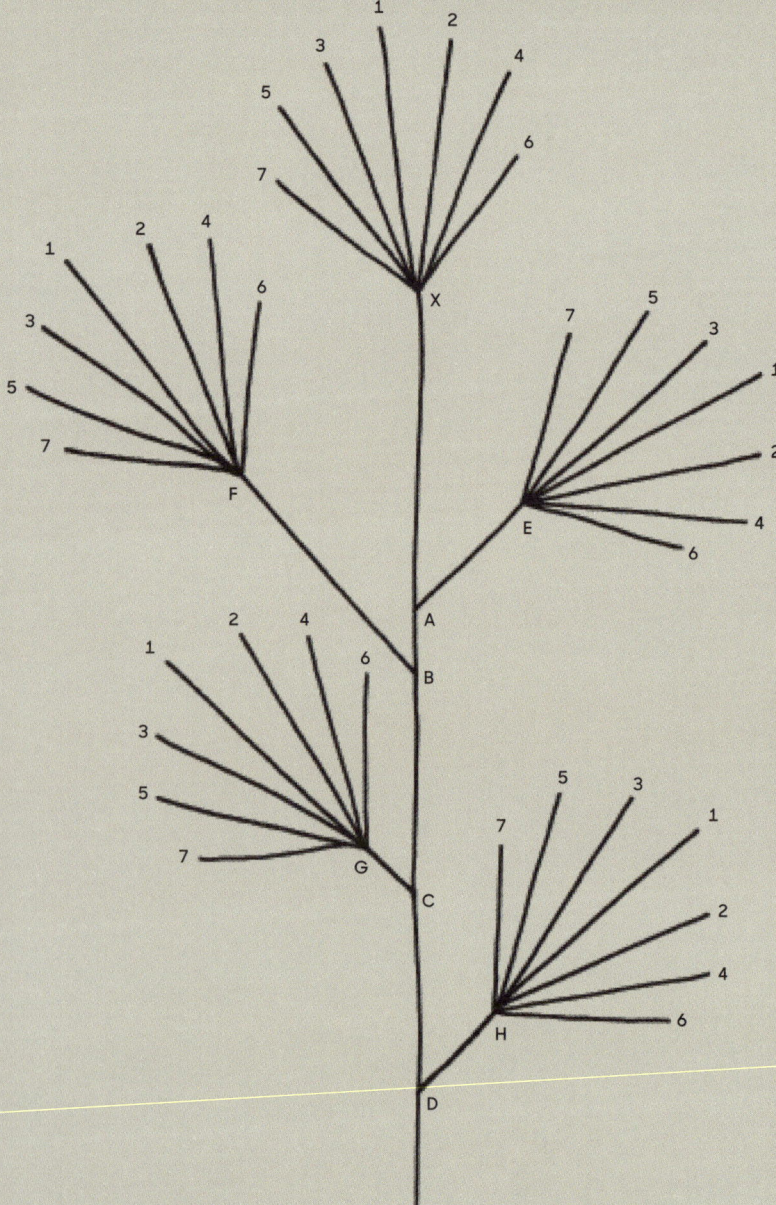

INSTRUCCIONES (continúa)

PASO 4
Coloca la regla con el canto contra el punto B; después muévela hacia arriba a la izquierda para crear un ángulo de 45° respecto a la línea original. Mide 2,5 cm y marca un puntito con el rotulador; llamaremos a este punto F.

PASO 5
Coloca la regla con el canto contra el punto C; después muévela hacia arriba a la izquierda para crear un ángulo de 45° respecto a la línea original. Mide 2 cm y marca un puntito con el rotulador; llamaremos a este punto G.

PASO 6
Coloca la regla con el canto contra el punto D; después muévela hacia arriba a la derecha para crear un ángulo de 45° respecto a la línea original. Mide 1,2 cm y marca un puntito con el rotulador; llamaremos a este punto H.

PASO 7
Coloca la regla con el canto contra el punto X; después muévela hacia arriba a la izquierda para crear un ligero ángulo respecto a la línea original y marca un puntito con el rotulador a 2,5 cm del punto X; este será el punto 1.

PASO 8
Coloca la regla con el canto contra el punto X; después muévela hacia arriba a la derecha para crear un ligero ángulo respecto a la línea original y marca un puntito con el rotulador a 2,2 cm del punto X; este será el punto 2.

PASO 9
Coloca la regla con el canto contra el punto X; después mide hacia arriba y ligeramente a la izquierda de la línea del punto 1 y marca un puntito con el rotulador a 2,2 cm del punto X; este será el punto 3.

PASO 10
Coloca la regla con el canto contra el punto X; después mide hacia arriba y ligeramente a la derecha de la línea del punto 2 y marca un puntito con el rotulador a 2 cm del punto X; este será el punto 4.

PASO 11
Coloca la regla con el canto contra el punto X; después mide hacia arriba y ligeramente a la izquierda de la línea del punto 3 y marca un puntito con el rotulador a 2 cm del punto X; este será el punto 5.

PASO 12
Coloca la regla con el canto contra el punto X; después mide hacia arriba y ligeramente a la derecha de la línea del punto 4 y marca un puntito con el rotulador a 1,2 cm del punto X; este será el punto 6.

PASO 13
Coloca la regla con el canto contra el punto X; después mide hacia arriba y ligeramente a la izquierda de la línea del punto 5 y marca un puntito con el rotulador a 1,2 cm del punto X; este será el punto 7.

PASO 14
Coloca la regla con el canto contra el punto E y sigue los pasos 7-13, sustituyendo el punto X por el punto E en las instrucciones.

PASO 15
Coloca la regla con el canto contra el punto F y sigue los pasos 7-13, sustituyendo el punto X por el punto F en las instrucciones.

PASO 16
Coloca la regla con el canto contra el punto G y sigue los pasos 7-13, sustituyendo el punto X por el punto G en las instrucciones.

PASO 17
Coloca la regla con el canto contra el punto H y sigue los pasos 7-13, sustituyendo el punto X por el punto H en las instrucciones.

PASO 18
Con la chincheta, haz agujeros allá donde hayas marcado un puntito.

PASO 19
Da una puntada de pespunte entre los puntos X e Y, utilizando tres hebras de color #563 Verde jade claro.

PASO 20
Da una puntada de pespunte entre los puntos A y E, utilizando tres hebras de color #563 Verde jade claro.

PASO 21
Da una puntada de pespunte entre los puntos B y F, utilizando tres hebras de color #563 Verde jade claro.

PASO 22
Da una puntada de pespunte entre los puntos C y G, utilizando tres hebras de color #563 Verde jade claro.

PASO 23
Da una puntada de pespunte entre los puntos D y H, utilizando tres hebras de color #563 Verde jade claro.

PASO 24
Da una puntada de pespunte entre los puntos X y 1, utilizando tres hebras de color #320 Verde pistacho medio. Repite el proceso y da una puntada de pespunte entre el punto X y los puntos 2, 3, 4, 5, 6 y 7, utilizando tres hebras de color #320 Verde pistacho medio.

PASO 25
Repite el paso 24 y da una puntada de pespunte entre el punto E y los puntos 1 a 7, utilizando tres hebras de color #320 Verde pistacho medio.

PASO 26
Repite el paso 24 y da una puntada de pespunte entre el punto F y los puntos 1 a 7, utilizando tres hebras de color #320 Verde pistacho medio.

PASO 27
Repite el paso 24 y da una puntada de pespunte entre el punto G y los puntos 1 a 7, utilizando tres hebras de color #320 Verde pistacho medio.

PASO 28
Repite el paso 24 y da una puntada de pespunte entre el punto H y los puntos 1 a 7, utilizando tres hebras de color #320 Verde pistacho medio.

CONSEJOS
Utiliza lo aprendido en este proyecto para diseñar tus propios motivos geométricos para las tapas de libretas básicas.

NIVEL DE DIFICULTAD

....

FÁCIL

TIEMPO

....

6 HORAS

MANTA BÁSICA DE SOFÁ CON RAYAS

Un solo tipo de punto de bordado basta para crear esta sencilla y sofisticada manta para el sofá. Puedes escoger un hilo de tejer en un clásico color negro, o bien optar por un hilo de un color que haga juego con tu sofá o butaca favoritos.

PUNTOS DE BORDADO
....

- PUNTO DE CADENETA *(p. 32)*

MATERIALES
....

- MANTA DE SOFÁ ACRÍLICA DE 155 × 127 CM
- HILO DE TEJER DE GROSOR ARÁN EN COLOR NEGRO

HERRAMIENTAS
....

- AGUJA DE ACERO PARA HILO DE TEJER DE 5 CM
- MARCADOR PARA TELA
- CINTA DE PINTOR (opcional)
- REGLA/CINTA MÉTRICA
- TIJERAS

DISEÑO PARA MANTA BÁSICA DE SOFÁ CON RAYAS

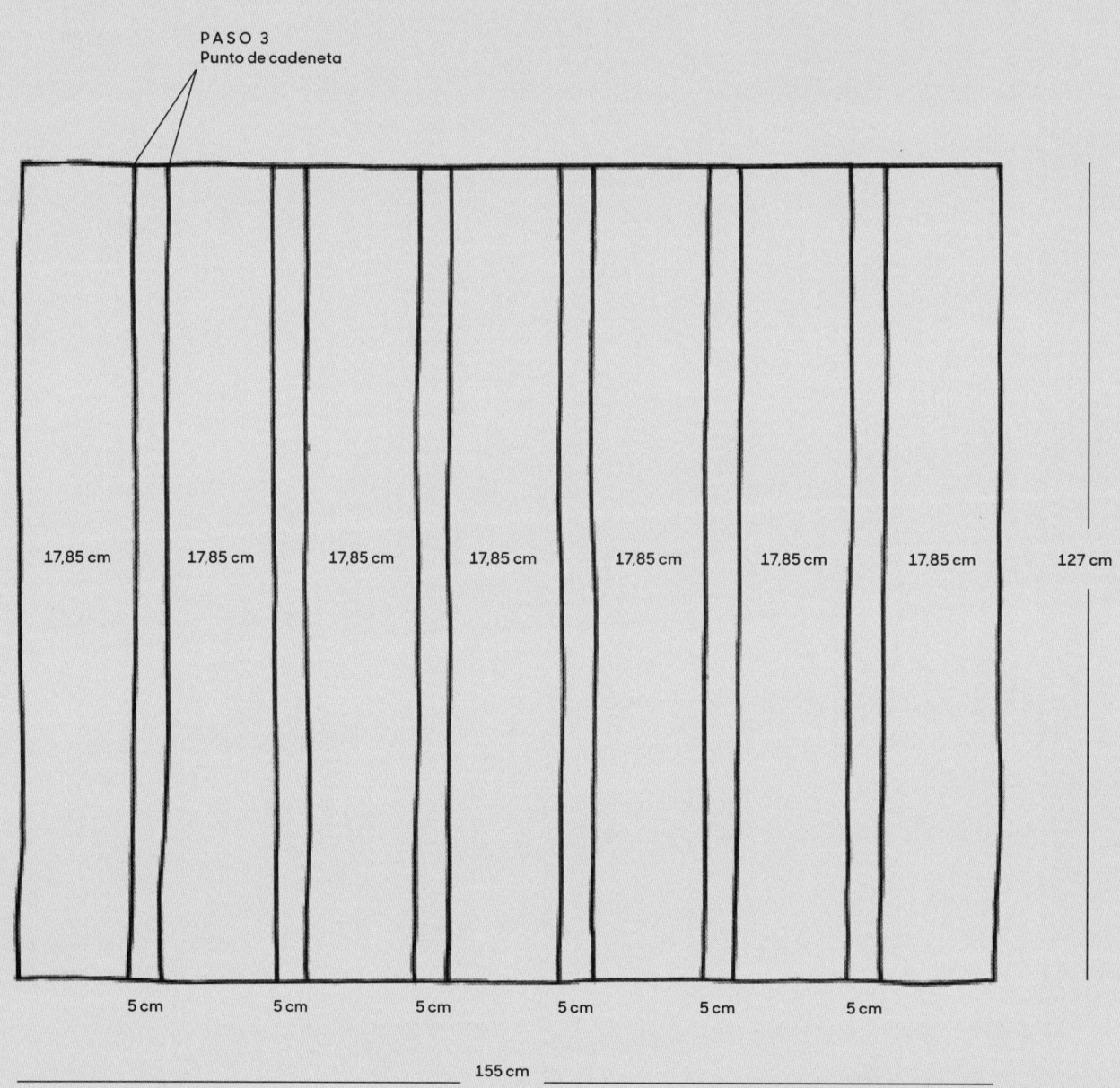

INSTRUCCIONES

PASO 1
Coloca la manta para sofá sobre el suelo, con los cantos cortos a lado y lado, y los largos arriba y abajo. Mide el lado más largo. El de mi manta medía 155 cm, por lo que las instrucciones que siguen son para bordar seis pares de rayas, dejando un espacio de 17,85 cm entre par y par. Las líneas de cada par deben mantener una separación de 5 cm entre sí, pero en caso necesario puedes ajustar la separación entre pares para adaptarla a la longitud de tu manta.

PASO 2
Ayudándote de la regla, mide 17,85 cm desde el lado corto de la izquierda y dibuja con el marcador para tela una línea vertical que atraviese la manta de arriba abajo. Traza ahora una segunda línea a 5 cm de la primera. Repite el proceso y traza otra línea a 17,85 cm de la segunda, después otra a 5 cm de esta, seguida de otra a 17,85 cm de esta última, después otra a 5 cm, y así sucesivamente hasta dibujar seis pares de líneas separadas entre sí 5 cm, con los pares equidistando de manera uniforme sobre la manta.

PASO 3
Corta un cabo de hilo de tejer que puedas manejar con comodidad; puedes empezar con un cabo de 25 cm de largo. Enhébralo en la aguja y haz un nudo doble en uno de sus extremos.

PASO 4
Con la manta sobre el suelo, comienza a bordar una de las líneas con punto de cadeneta, utilizando el hilo de tejer de color negro.

PASO 5
A medida que bordes, alisa de tanto en tanto la manta para que quede plana sobre el suelo. Esto evitará que se formen frunces debido al bordado.

PASO 6
Repite los pasos 3 a 5 hasta completar el bordado con punto de cadeneta de todas las líneas de la manta. Si has utilizado cinta de pintor (ver consejo más abajo) puedes ir retirándola a medida que completes cada par de líneas.

CONSEJOS
Dependiendo del material de la manta, puede resultar difícil trazar las líneas con el marcador para tela. Si es el caso, puedes marcar la distancia entre las líneas de cada par adhiriendo sobre la manta cinta de pintor de 5 cm de ancho. Coloca la primera tira de cinta, mide 17,85 cm a partir del canto y coloca otra tira. Repite el proceso hasta que hayas colocado seis tiras de cinta, distribuidas de manera equidistante sobre la manta.

PARCHE DE FIELTRO CON RAMILLETE DE FLORES

Este parche de fieltro con motivos florales es perfecto para complementar un par de vaqueros usados o una cazadora. Puedes coserlo de manera permanente a una prenda de vestir o sujetarlo con imperdibles para aplicarlo a diferentes prendas.

NIVEL DE DIFICULTAD

AVANZADO

TIEMPO

6 HORAS

PUNTOS DE BORDADO

- PESPUNTE *(p. 30)*
- PUNTO DE CADENETA *(p. 32)*
- NUDO FRANCÉS *(p. 37)*
- PUNTO SATÉN *(p. 33)*

MATERIALES

- LONA
- FIELTRO DE COLOR DORADO
- FLISELINA TERMOADHESIVA HEAT'N'BOND
- PLANTILLA *(p. 155)*

HILO DE BORDAR *(MOULINÉ)*

- DMC #BLANC (BLANCO)
- DMC #311 AZUL MARINO MEDIO
- DMC #729 ORO VIEJO MEDIO
- DMC #934 VERDE AGUACATE NEGRO
- DMC #3051 GRIS VERDOSO OSCURO
- DMC #3765 AZUL PAVO REAL MUY OSCURO

HERRAMIENTAS

- BASTIDOR DE BORDAR DE MADERA DE 20 CM DE DIÁMETRO
- TIJERAS DE BORDAR
- TIJERAS PARA TELA
- MARCADOR PARA TELA
- IMPERDIBLES *(opcional)*
- AGUJA DEL N.º 7

CONSEJOS

Puedes ahorrarte el parche y bordar este motivo sobre tu prenda favorita. Solo tienes que calcar la plantilla directamente donde desees bordarla y seguir las instrucciones.

DISEÑO PARA PARCHE DE FIELTRO
CON RAMILLETE DE FLORES

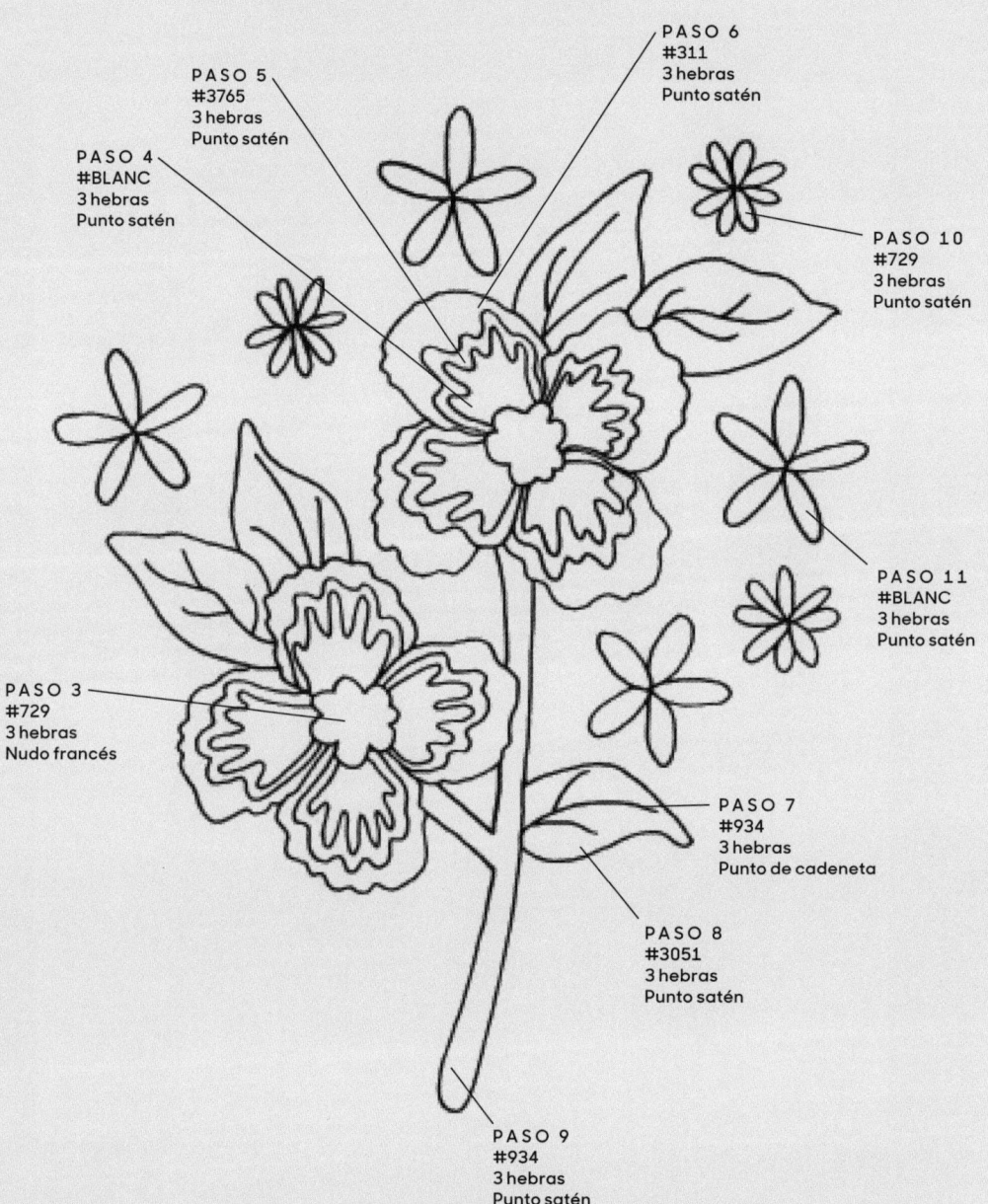

PASO 3
#729
3 hebras
Nudo francés

PASO 4
#BLANC
3 hebras
Punto satén

PASO 5
#3765
3 hebras
Punto satén

PASO 6
#311
3 hebras
Punto satén

PASO 7
#934
3 hebras
Punto de cadeneta

PASO 8
#3051
3 hebras
Punto satén

PASO 9
#934
3 hebras
Punto satén

PASO 10
#729
3 hebras
Punto satén

PASO 11
#BLANC
3 hebras
Punto satén

INSTRUCCIONES

PASO 1
Sobre una superficie plana, coloca el bastidor sobre la lona y, con un marcador para tela, haz marcas alrededor del mismo a 2,5 cm de distancia del aro. Recorta el tejido siguiendo las marcas. Debería quedarte un círculo de tela de unos 25 cm de diámetro. Plánchalo para eliminar posibles arrugas.

PASO 2
Calca la plantilla en el centro del tejido con un marcador para tela. Una vez calcada, ya puedes montar la tela en el bastidor, tensándola, y atornillar la tuerca para fijar el bastidor.

PASO 3
Borda los centros de las flores con nudo francés, utilizando tres hebras de color #729 Oro viejo medio. Da dos vueltas con el hilo alrededor de la aguja para crear los nudos franceses.

PASO 4
Borda la sección interna de los pétalos con punto satén, utilizando tres hebras de color #BLANC. Borda desde el centro de las flores hacia fuera para crear una forma de aspecto más orgánico, como una flor real.

PASO 5
Borda la sección intermedia de los pétalos con punto satén, utilizando tres hebras de color #3765 Azul pavo real muy oscuro.

PASO 6
Borda la sección externa de los pétalos con punto satén, utilizando tres hebras de color #311 Azul marino medio.

PASO 7
Borda las nervaduras de las hojas con punto de cadeneta, utilizando tres hebras de color #934 Verde aguacate negro.

PASO 8
Borda las hojas con punto satén, utilizando tres hebras de color #3051 Gris verdoso oscuro.

PASO 9
Borda los tallos con punto satén, utilizando tres hebras de color #934 Verde aguacate negro.

PASO 10
Borda las pequeñas flores flotantes con punto satén, utilizando tres hebras de color #729 Oro viejo medio. Bórdalas comenzando desde el centro hacia fuera y después nuevamente hacia dentro. Esto creará una forma floral más orgánica.

PASO 11
Borda las grandes flores flotantes con punto satén, utilizando tres hebras de color #BLANC (Blanco). Emplea la misma técnica que en el paso 10, dando las puntadas de punto satén de dentro afuera, y después nuevamente hacia dentro.

PASO 12
Cuando hayas terminado el bordado, desmonta la tela del bastidor y recorta el parche, resiguiendo suavemente las curvas de los elementos bordados. No abuses de las tijeras; recuerda que siempre puedes recortar más tejido más adelante. Con la uña, deshilacha ligeramente los bordes de la lona.

PASO 13
Corta una pieza de la fliselina termoadhesiva Heat'n'Bond del mismo tamaño que el recorte de tela. Intenta que el adhesivo quede tan cerca del borde del tejido como sea posible, sin que llegue a alcanzarlo. Da la vuelta al parche, de manera que el bordado quede boca abajo, y coloca la fliselina encima con el papel boca arriba. Sitúa la plancha, con el termostato en calor medio y el vapor apagado, sobre el papel durante dos segundos. Repite el proceso hasta que toda la superficie de la fliselina quede adherida a la tela.

PASO 14
Separa el papel de la fliselina Heat'n'Bond y coloca en fieltro encima. Después, sitúa la plancha, con el termostato en calor medio y el vapor apagado, encima del fieltro, y mantenla así seis segundos. Repite la operación hasta que toda la superficie del fieltro quede adherida a la fliselina.

PASO 15
Una vez el fieltro esté adherido a la lona, recórtalo resiguiendo las curvas de la pieza de lona. Intenta cortarlo de manera que los bordes tengan un aspecto uniforme.

PASO 16
Para adherir el parche a cualquier prenda que desees, puedes utilizar la fliselina Heat'n'Bond, repitiendo los pasos 13 y 14, o sujetarlo temporalmente con imperdibles, lo que te permitirá reposicionarlo cuando quieras.

SOBRE LA AUTORA

JENNIFER CARDENAS RIGGS es una diseñadora gráfica y artista textil conocida en Instagram como @threadhoney. Comenzó a bordar en 2014, combinando su conocimiento sobre artes visuales con una estética moderna para crear bordados que resulten atractivos para la generación *millenial*. Riggs comercializa sus piezas bordadas y sus patrones en internet, y ha colaborado en proyectos de bordado con Coach, Focus Features y Comcast.

Puedes seguir sus proyectos actuales en
WWW.THETHREADHONEY.COM

AGRADECIMIENTOS

Muchas gracias y todo mi amor a todos aquellos que, entre bambalinas, me han prestado su apoyo y me han dado ánimos mientras intentaba dar forma a este libro.

A Brandon, a quien dudo poder expresar adecuadamente mi agradecimiento, gracias por todos esos momentos en que me convenciste para que no abandonara, me diste un abrazo cuando más lo necesitaba, y fuiste en coche hasta la tienda de manualidades a buscar una madeja de hilo que había olvidado. Siempre recordaré esos momentos en que me ayudaste a cortar hilo, hacer pompones y transferir diseños. Gracias por esos días en los que yo cosía día y noche mientras tú me animabas a seguir adelante. Gracias por las madrugadas corrigiendo pruebas y por tu inquebrantable entusiasmo sobre el libro. Por todo esto y mucho más, te estaré eternamente agradecida.

A Kajal y Hardia Grant, que me ofrecieron su ayuda para comenzar la andadura de crear el libro de bordados de mis sueños: os estoy infinitamente agradecida por entender mi visión de este proyecto y permitirme expresar mi perspectiva sobre el libro. A Nassima, gracias por sus bellas fotografías, y a Claire, por su precioso diseño.

A mi madre, Patricia, que me enseñó a ser una mujer fuerte, gracias por ser siempre mi principal animadora, y al resto de mi familia por todas las risas y lágrimas a través de los años. Un agradecimiento especial para mi hermana, Emily, que da los mejores consejos del mundo. Gracias por estar ahí en todas las etapas del proceso de creación de este libro.

A mi querido amigo Dede, por estar presente en todo momento en las sesiones de fotografía. Gracias por todas las cómodas que moviste de sitio, por todos los ordenadores que tuviste que llevar de acá para allá, por todo el atrezo que montaste, y por mantenerme organizada en todo momento; nunca podría haberlo hecho sin ti.

Gracias a mis modelos de última hora, Journey y Lindsay, que dejaron lo que tenían entre manos para ayudarnos con las sesiones de fotos para el libro, y a mi mágica amiga Sara (@vintaushop), que amablemente nos prestó sus bellos adornos de cristal. Gracias también a Lance Green, el camionero de Fort Worth que sacó nuestra camioneta del barro de Salt Flats donde había quedado encallada mientras intentábamos tomar la foto perfecta.

Gracias a todos los amigos a quienes nunca he conocido en la vida real, pero sin quienes no podría ser quien soy. Estoy profundamente agradecida de vivir en una época en que podemos compartir imágenes e ideas con todo el mundo con tan solo apretar un botón. Me encanta la comunidad de bordado de la que formo parte, y estoy infinitamente agradecida por la posibilidad de compartir mis creaciones textiles con el mundo a través de las redes sociales. A todos aquellos que han seguido mi trayectoria ofreciéndome palabras de cariño a lo largo del camino. Gracias por darme la confianza en mí misma y la firmeza para seguir dedicándome al arte del bordado.

Y, sobre todo, gracias a mi abuela Elizabeth por ser la chispa que dio inicio a todo esto, por enseñar a bordar a una niña de ocho años y por mostrarle un camino al que no daría mayor importancia hasta años más tarde. Siempre intentaré emular tu vida y tu amor por todas las formas del arte.

ÍNDICE TEMÁTICO

A

agujas 17
    enhebrar 28
agujas para hilo de tejer 17
americana con ramillete de amapolas 114-117, 158
americanas: *americana con ramillete de amapolas*
arco de Cupido 54-57, 148
aretes forrados con hilo de colores 74-75
atrapasueños: *atrapasueños con eclipse enjaulado* 68-71, 151
azul antiguo, familia de color 21

B

bastidor artístico con paisaje desértico 86-89, 153
bastidor decorativo con ojo místico 46-49, 147
bastidores de bordar 16
    colgante bastidor con rosa negra 62-63, 148
    atrapasueños con eclipse enjaulado 68-71, 151
    bastidor artístico con paisaje desértico 86-89, 153
    bastidores 16
    colgante bastidor con rosa negra 62-63, 148
    atrapasueños con eclipse enjaulado 68-71, 151
    bastidor artístico con paisaje desértico 86-89, 153
bolígrafos de marcar 17
bolsa para la compra con iniciales bordadas 100-101
bolsos
    cesta de la compra con borlas de colores 82-85
    bolsa para la compra con iniciales bordadas 100-101
    cartera folk de lona en tonos neutros 42-45, 146
bordado
    historia 9
    trucos y consejos 24
    versatilidad 9
bordado en cuero 51
borlas: *cesta de la compra con borlas de colores* 82-85
bralette *de terciopelo para enamoradas* 54-57, 148
bralettes: bralette *de terciopelo para enamoradas* 54-57, 148

C

camisa para vagabundos cósmicos 80-81, 152
cojín con bordado floral 94-99
cesta macetero con pompones 52-53
camisas: *camisa para vagabundos cósmicos* 80-81, 152
carteras de mano, *ver* bolsos
cartera folk de lona en tonos neutros 42-45, 146
cesta de la compra con borlas de colores 82-85
cestas: *cesta-macetero con pompones* 52-53
cinta métrica 17
colgante bastidor con rosa negra 62-63, 148
constelaciones: *camino de mesa con las constelaciones del zodíaco* 66-67
cojines: *cojín con bordado floral* 94-99
cuadro con montañas minimalistas 102-105
errores 24
camiseta de peonias 120-121, 159
cuadro con las fases lunares 58-61, 149
camisetas: *camiseta con peonias* 120-121, 159
camino de mesa: *camino de mesa con las constelaciones del zodíaco* 66-67

camino de mesa con las constelaciones del zodíaco 66-67
collares: *Colgante bastidor con rosa negra* 62-63, 148
cartera folk de lona en tonos neutros 42-45, 146
corazones: bralette *de terciopelo para enamoradas* 54-57, 148
calcar 23
cajas de luz (para calcar) 23
chanclas veraniegas 50-51
chaquetas
    parche de fieltro con ramillete de flores 136-139, 155

D

delantal con lámina botánica de tomillo 110-113, 157
delantales: *delantal con lámina botánica de tomillo* 110-113, 157
decoración mural
    bastidor decorativo con ojo místico 46-49
    cuadro con las fases lunares 58-61, 149

E

estabilizador para tela 23
estabilizadores de tejido solubles en agua 23
enhebrar aguja 28

F

familias de color 20-21
falda vaquera con mariposas 106-109, 156
faldas: *falda vaquera con mariposas* 106-109, 156
fieltro: *parche de fieltro con ramillete de flores* 136-139, 155

H

hebras de algodón DMC 20
hilo de tejer 15
hilo de tejer, gramaje 15
hilo de bordar 20-21
herramientas 16-19
hilo 20-21

J

jerséis: *jersey de punto grueso con topos* 126-127

L

luna: *cuadro con las fases lunares* 58-61, 149
lápices de marcar 17
libretas: *libreta con tapa de hojas de palma* 128-131
libreta con tapa de hojas de palma 128-131

M

mantas: *manta básica de sofá con rayas* 132-135 114-117, 158
manta básica de sofá con rayas 132-135
madejas 20
mantenimiento 24
marcadores para tela 17
materiales 15
materiales textiles 15
muestrario de puntos 38-39
mouliné (hilo de bordar) 20-21

N

naturaleza terapéutica del bordado 24

O

onda, diseño con: *trapo de cocina con onda* retro 64-65, 150
ojo místico: *bastidor decorativo con ojo místico* 46-49

P

pantallas de lámpara: *pantalla para lámpara* boho *con diseño geométrico* 118-119
pantalla para lámpara boho con diseño geométrico 118-119
pistola de encolar 18
parches: *parche de fieltro con ramillete de flores* 136-139, 155
pespunte 30
planchado 24
punto de cadeneta 32
punto de relleno, *ver* punto satén
postura cómoda para bordar 24
postura para bordar 24
parche de fieltro con ramillete de flores 136-139, 155
nudo francés 37
proyectos 11
    colgante bastidor con rosa negra 62-63, 148
    delantal con lámina botánica de tomillo 110-113, 157
    falda vaquera con mariposas 106-109, 156
    atrapasueños con eclipse enjaulado 68-71, 151
    aretes forrados con hilo de colores 74-75
    cesta de la compra con borlas de colores 82-85
    camisa para vagabundos cósmicos 80-81, 152
    bastidor artístico con paisaje desértico 86-89, 153
    sombrero de lana con puesta de sol en el desierto 72-73
    vestido de lino con estrellas fugaces 90-93, 154
    libreta con tapa de hojas de palma 128-131
    cojín con bordado floral 94-99
    parche de fieltro con ramillete de flores 136-139, 155
    pantalla para lámpara boho *con diseño geométrico* 118-129
    vaqueros con bordado de punto de escapulario en escalera 76-79
    shorts con hojas de laurel 122-125
    bralette de terciopelo para enamoradas 54-57, 148
    cuadro con montañas minimalistas 102-105
    bolsa para la compra con iniciales bordadas 100-101
    bastidor decorativo con ojo místico 46-49, 147
    cartera folk de lona en tonos neutros 42-45, 146
    camiseta con peonías 120-121, 159
    cuadro con las fases lunares 58-61, 149
    jersey de punto grueso con topos 126-127
    cesta-macetero con pompones 52-53
    americana con ramillete de amapolas 114-117, 158
    trapo de cocina con onda retro 64-65, 150
    manta básica de sofá con rayas 132-135
    chanclas veraniegas 50-51
    camino de mesa con las constelaciones del zodíaco 66-67
punto de ladrillo, *ver* punto corto y largo
punto de hilván 29
punto satén 33
punto corto y largo 31
pendientes: *aretes forrados con hilo de colores* 74-75
plantillas 11, 145-159
    trabajar con 23
puntos
    pespunte 30
    punto de cadeneta 32
    nudo francés 37
    punto espina de pescado 35
    punto corto y largo 31
    punto de hilván 29
    punto satén 33
    punto de estrella 34
    punto de tallo 36
    muestrario de puntos 38-39
pantalones vaqueros: *vaqueros con bordado de punto de escapulario en escalera* 76-79
postura para bordar 24
punto de estrella 34
punto de tallo 36

R

reglas 17

S

sandalias: *chanclas veraniegas* 50-51
shorts: *shorts con hojas de laurel* 122-125
soporte para bastidores 18
Sticky Fabri-Solvy 23
shorts con hojas de laurel 122-125
sombrero de lana con puesta de sol en el desierto 72-73
sombreros: *sombrero de lana con puesta de sol en el desierto* 72-73

T

tela 15
tijeras para tela 17
tijeras 17
trapo de cocina con onda retro 64-65, 150
trapos de cocina: *trapo de cocina con onda* retro 64-65, 150
trucos y consejos 24
turquesa, familia de color 21
vaqueros con bordado de punto de escapulario en escalera 76-79

V

vestidos: *vestido de lino con estrellas fugaces* 90-93, 154
vestido de lino con estrellas fugaces 90-93, 154

Las siguientes plantillas corresponden a los diseños que aparecen en el apartado Proyectos. Cópialas minuciosamente en papel de calco para transferir el diseño al material que vayas a bordar.

Las plantillas correspondientes al cojín con bordado floral, la bolsa para la compra con iniciales bordadas, el camino de mesa con las constelaciones del zodíaco y los *shorts* con hojas de laurel están disponibles *online* en thethreadhoney.com/templates.

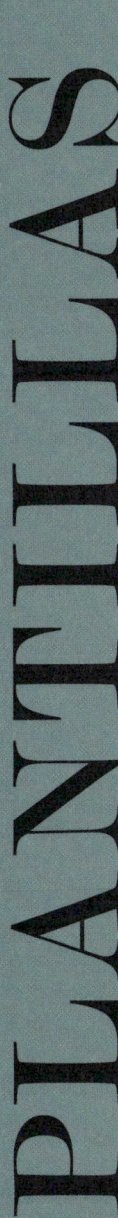

PLANTILLAS

PLANTILLA PARA CARTERA FOLK DE LONA EN
TONOS NEUTROS (p. 42)

PLANTILLA PARA BASTIDOR DECORATIVO CON OJO
MÍSTICO (p. 47)

PLANTILLA PARA *BRALETTE* DE TERCIOPELO PARA ENAMORADAS (p. 54)

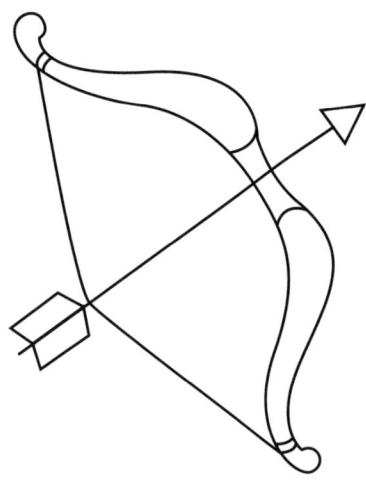

PLANTILLA PARA COLGANTE BASTIDOR CON ROSA NEGRA (p. 62)

PLANTILLA PARA CUADRO CON LAS
FASES LUNARES (p. 59)

PLANTILLAS 149

PLANTILLA PARA TRAPO DE
COCINA CON ONDA *RETRO*
(p. 64)

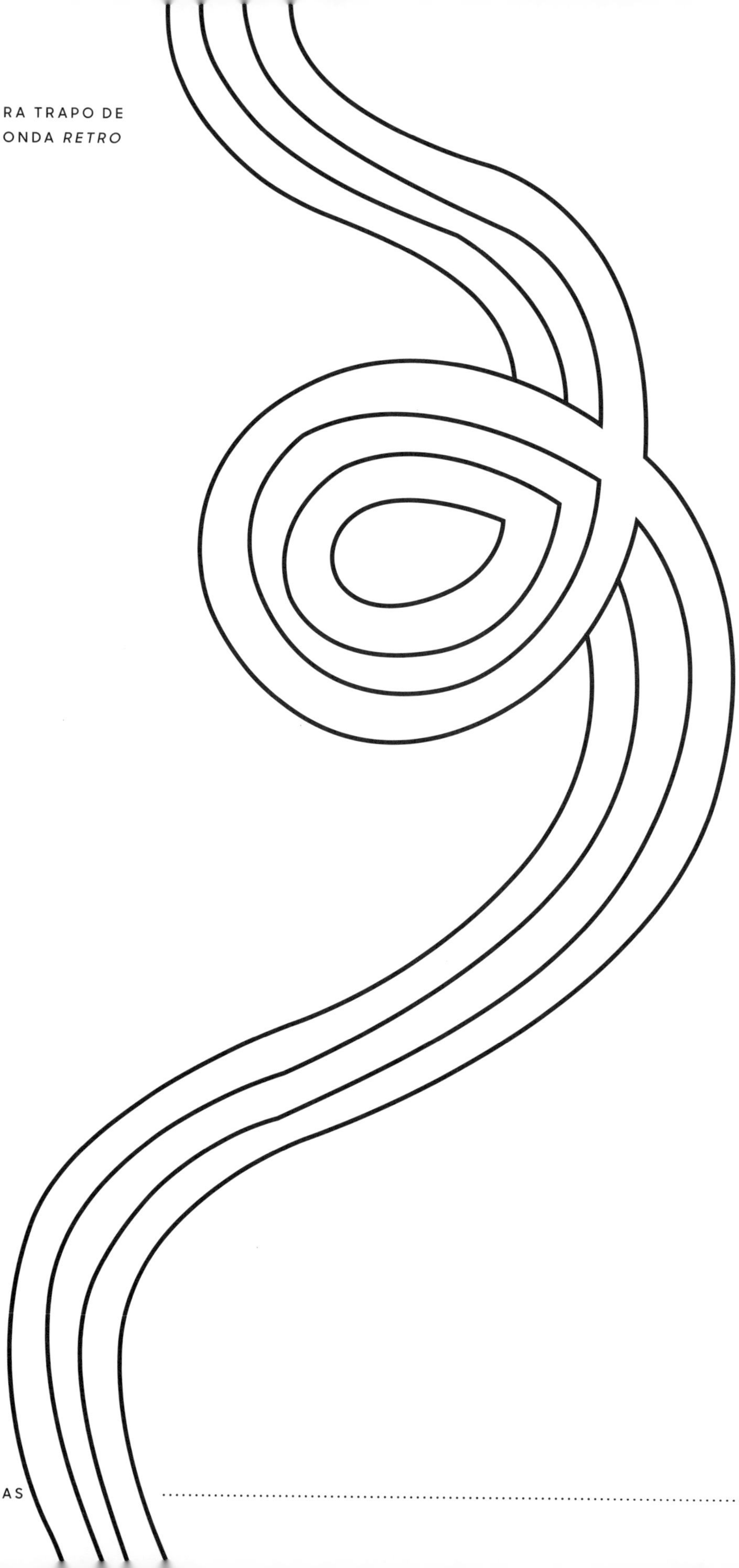

PLANTILLA PARA ATRAPASUEÑOS CON ECLIPSE
ENJAULADO (p. 69)

PLANTILLA PARA CAMISA PARA VAGABUNDOS CÓSMICOS (p. 80)

PLANTILLA PARA BASTIDOR ARTÍSTICO CON PAISAJE
DESÉRTICO (p. 87)

PLANTILLA PARA VESTIDO DE LINO CON
ESTRELLAS FUGACES (p. 90)

PLANTILLA PARA PARCHE DE FIELTRO CON RAMILLETE DE FLORES (p. 136)

PLANTILLA PARA FALDA VAQUERA CON MARIPOSAS
(p. 106)

PÁGINA CONTIGUA: PLANTILLA PARA
DELANTAL CON LÁMINA BOTÁNICA DE
TOMILLO (p. 110)

THYMUS VULGARIS

PLANTILLA PARA AMERICANA CON RAMILLETE
DE AMAPOLAS (p. 115)

PLANTILLA PARA CAMISETA CON PEONIAS
(p. 120)

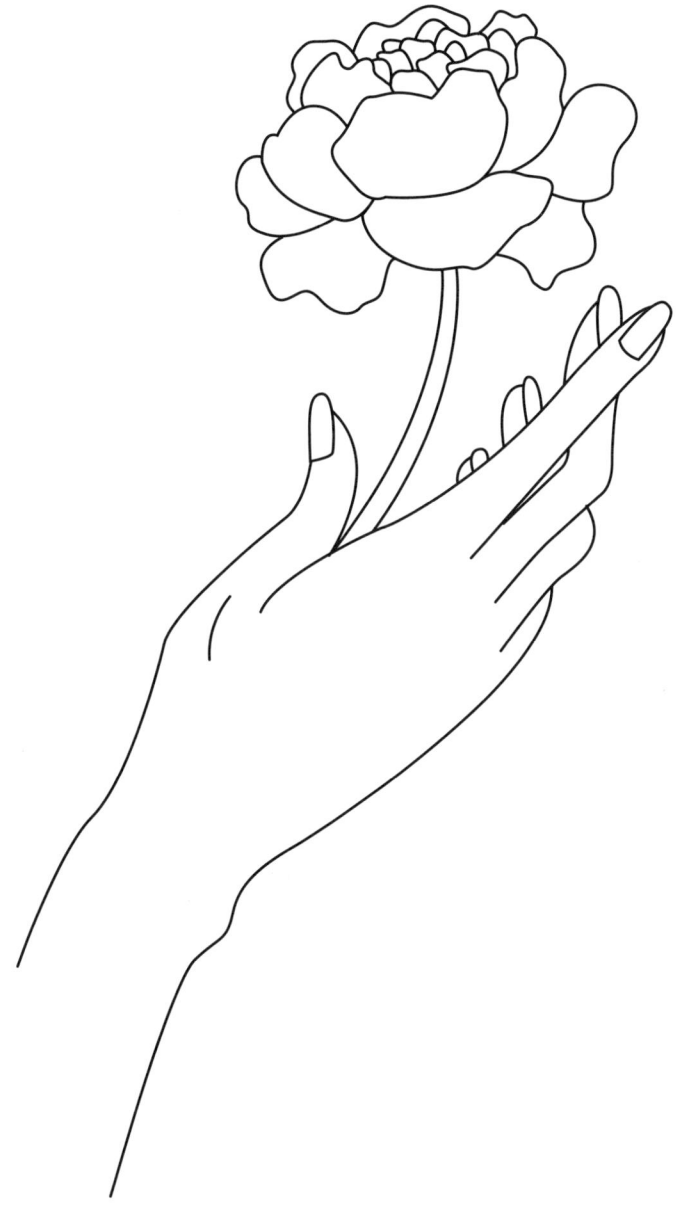